国際結婚の社会学

アメリカ人妻の「鏡」に映った日本

三浦清一郎＝著

日本地域社会研究所

まえがき

1　妻が亡くなって、初めて書くことができました

「国際結婚の社会学」は、生前の妻には書くことを許してもらえない比較文化論でした。妻には2つの心配がありました。第一は、私生活を文化比較の素材にすれば、観察や分析におけるプライバシーの保護が難しいこと、第二は、日本を学べば学ぶほど、自らの日本体験の感想は言いたくないという「言わずもがな」の感覚でした。

その妻が亡くなり、私の人生の締め切りも迫りました。妻がこの世を去り、時間と空間の距離を置いて来し方を眺めてみると、初めて我々が暮らした全景が見えるような気がしました。

元になる原稿にはたくさんのことを書きました。書いてみて、妻の心配が分かりました。「言わずもがな」のことを書いている自分に気付きます。削りに削って本書ができ上がりました。無事に国際結婚を生き抜くことができたささやかな形見です、子どもたちへの形見分けのつもりでもあります。妻の禁を破ったので、あの世で叱られることでしょうが、筆者に取ってはせめてもの感謝の表明です。

2 「合わせ鏡」の方法

外国人が日本人と結婚するということは、多かれ少なかれその日本人を育てた日本文化と結婚するということです。文化は空気のようなものです。それゆえ、自分の生育環境にどっぷりと浸かっていると、普段は自分の文化の特性を感じたり、考えたりすることはありません。ところが、国際結婚で、「アメリカ人の妻」と暮らしてみると、妻の言動が日本文化を映す「鏡」になります。もちろん、逆も起こります。自分の言動がアメリカ文化を映す「鏡」になります。

「鏡になる」とは、単純に言えば、日本人である自分とは異なった妻の発想や行動に驚かされ、相手と自分の違いを自覚させられるということです。違いの「自覚」は、「個人差」の自覚でもありますが、同時に「文化差」の自覚でもあります。相手文化の自覚であり、日本文化の自覚でもあります。相手の言動で、日本文化の特性が分かり、自分自身の言動で相手文化の特性を感じるということです。妻の言動は日本文化を映し出す「鏡」の機能を果たし、自分の言動は、妻の文化の特性を映す「鏡」になります。お互いの言動を意識的に照らし合わせてみると、己の文化的背景も妻の文化的背景も良く見える時があります。

それゆえ、国際結婚では、お互いの言動の違いを「鏡」と考えて、両国の文化を比較考量することができます。この時、「鏡」とは、「比較の基準」および「考察の視点」という意味です。

すなわち、一方では、自身の行為・行動に現れる日本の文化的特性を鏡として、その特性に照応するアメリカ文化を論じ、他方では、妻の言動の中のアメリカ文化の特性を鏡として、その鏡が映し出す日本文化の特性を論じるという発想です。

本書は、主として、アメリカ人妻という鏡に映った、日本人と日本を論じることになりました。自分が相対的に良く知っているのは、日本であり、アメリカではないからです。

もちろん、個人の反応や生活姿勢は、限定的であり、微細ですから、それらを鏡として設定しても、全体文化の一端しか映すことはできません。それも、限定的に、特定個人の結婚生活を通してみた文化論という条件付きになります。それゆえ、映像は断片的になります。当然、分析は、不十分で、恣意的にならざるを得ません。しかし、たとえ、観察の視点は部分的・局地的であっても、文化の井戸を深く掘って行けば、井戸の穴の側面に現れる「地層」を見ることはできるであろうと楽観的に考えました。また、生活の中で遭遇する無数の比較の断片を繋ぎ合わせて行くと、まとまった何かが見えるのではないか、と期待しています。特定個人の国際結婚を論じることで、日本人や日本文化を論じることに通じるところもあり得ると考えた次第です。

問題は、二人の「鏡」に映った特性の分析が適正か、どうかですが、それは読者の判断にお任せするしかありません。

読者のみなさんもそれぞれの「鏡」をお持ちなのですから……。

3　比較の基準――「背比べ」の応用

(1) 単位のない社会科学

ものを比べるためには、それがどんなものであれ、比較の基準が要ります。自然科学ではこれを「単位」や「指標」と呼びます。単位や指標を設定して、ものや現象を比較する分類学から植物学・動物学などの学問が始まりました。

2人の身長を比べるには、長さの単位を使い、目的地点までの距離や時間を比べるためには、「距離の単位」や「時間の単位」を使います。「メートル」や「時間」や「分」がそれです。

「単位」さえあれば、測定も、比較も、第3者による客観的な検証もできるからです。「単位」の設定は、自然科学を科学にした最大の要因であると言って過言ではないと思います。

ところが、人文・社会科学では、分析対象の性格上、「単位」の設定が非常に困難で、時に、不可能です。自然科学の「数量」に匹敵する単位と言えば、「エンゲル係数」や各種の「経済指数」くらいしかないのではないでしょうか。

それゆえ、人文・社会科学の領域の比較には、「単位」を使わずに比べる方法を考えなければなりません。原理的には、「背比べの論理」と同じです。背比べでは単位を使いません。お互いの「背の高さ」を基準にします。だから、自然科学の言う厳密で客観的な比較はできません。しかし、多少の誤差を容認すれば、比較することは十分可能です。Aさんと Bさんに並んで壁際に立ってもらえばいいのです。二人の背の高さの違いは一目瞭然です。Aさんが、Bさんより頭一つ背が高いことが分かります。この場合、Bさんの背の高さを基準にして、Aさんの背丈を判断しています。もちろん、逆にAさんを基準にする比べ方もできます。お互いの背の高さを比較の基準にすればいいのです。背の高さはお互いの「特性」です。したがって、どちらかの「特性」を設定できれば、単位を設定できない事象でも比べることができるということです。それゆえ、事は「背比べ」以外にも、髪の色でも、目の色でも、あるいは制度の特徴でも、文化の特性でも比較することができます。もちろん、単位や指標を設定できる自然科学の比較方法に比べれば、精度や操作可能性は格段に劣りますが、相対的な比較分析は可能になるということです。

(2) 背比べの論理の応用

国際結婚の場合、生活上、いろいろ考え方の違いが衝突します。衝突を避け、衝突を解決するためには、相手がなぜそう考えるのかを理解しなければなりません。こちらの考え方も相手に分かってもらわなければなりません。当然、お互いの文化特性を分析し、説明し合うことになります。そのこと自体が比較考察の作業になります。相手の文化の特性を取り出して、それを基準として対比したとき自分の文化の特性が分かってきます。論理的には、逆も可能な筈ですが、そのためには、妻の話を良く聞かなければなりません。

片方の「特性」を基準にすれば、他方の「特性」を映し出すことができます。2人の人間に並んで立ってもらった時と同じように、二人の言動を並べてみるのです。その時、妻の言動と自分の言動を比べることは、原理的に「背比べ」の理屈と同じであることに気付きます。

どちらかの言動を基準にすれば、相手の文化的特性が分かります。お互いの特性が分かれば、お互いを比較することも論理的に可能になるのです。単位の設定や指標化が困難な社会科学において、単位や指標を使わずにお互いの特性を対比できることは極めて重要です。

もちろん、研究者が任意に取り出す「特性」は、「客観的な単位」と違って、比較作業上の精度も操作可能性も低くなります。その弱点を補うためには、「特性」の抽出を慎重にすると同時に、出来るだけ多くの特性を抽出して多面的・総合的な比較をしなければなりません。比較の基準とする特性が総合的であれば、比べ方も総合的になり、具体的・個別的であれば、比較は具体的・個別的になります。背比べと同じように、比べるのは「背の高さ」であって、その他の特性ではないので、「特性」を取り違えたら比較は成り立ちません。比較の基準とする特性が、同じ対象、同じレベルでなければ、比較の意味を失うことになるので注意が必要です

(3) 合わせ鏡

異文化の人間の言動が「鏡」の役目を果たすのであれば、日米二人の「鏡」を前と後に置いて、様々な視点・角度から双方の文化の特性を比較照応することが可能になります。これは女性が化粧をする時の「合わせ鏡」と似ているので「合わせ鏡の手法」と名付けま

した。すなわち、一つの鏡を前に、もう一つの鏡を後ろに置いて、映し出されるべき（比較されるべき）ものを、二つの鏡の中間に置き、両側から「本質的特徴」を把握しようとする手法です。一方の鏡は、日本文化の現象であり、他方の鏡はアメリカ文化の現象になります。前後二つの鏡を使うということは、日本文化の現象に照らして、アメリカ文化はどのように映るのかを分析し、また、逆の場合は、アメリカ文化に照らして日本文化はどう映るのかを分析します。こうして比較の作業は、二つの鏡にお互いの特性を映し出すので、双方向的および同時進行的に二種類あることになります。

（4）「照応」による比較

「合わせ鏡の手法」が設定する特性は「単位」の精度や客観性は有していません。それゆえ、厳密な測定による比較・検証は不可能なので、背比べと同じように、両者を基準にして両者の特性を照らし合わせることしかできません。この意味で、分析や比較考量の過程は、「比較」よりは「照応」と呼ぶことがふさわしいと思います。

原理的には、双方の個別の文化現象を取り出して、それぞれ相手方の現象と照らし合わせるので、全体の研究方法は「特性別照応分析」（＊1）と名付けました。執筆当時、この方法論は、アメリカの学会誌のインタビューで発表したので、英語では、「Characteristic

Mirroring Analysis」と翻訳しました（＊2）。

特性の摘出と配列作業は、第一に、分野を限定して、重要と思われる順に「特性」を書き上げます。第二に、取り出した個々の特性に照応する相手方の特性を分析記述します。比較の相手に対しても、相手側の特性を取り出して、こちら側の特性と照応するという同じ作業をします。

この時、各「特性」をもたらした原因や理由に思い当たれば、両者の照応の精度が上がります。成功したか、否かは読者に判断して頂くしかありませんが、筆者が行なった最初の実験的研究は、拙著『比較生涯教育』です。日米の生涯教育特性の照応作業を通して、自分では日本の事もアメリカの事もより明確に分かるようになりました。

本書は、単独で執筆しましたが、文化の特性は、単一ではなく、それぞれに関連する派生的な特性を生み出す筈なので、それらを見落とさないよう複数の研究者の知恵を合わせることが理想だと思います。

また、今回の日本論も、残念ながら、筆者自身の国際結婚を素材とするので、単独執筆になります。似たような環境を経験した人の分析と付き合わせることが出来れば、作業の精度が上がると思いますが、筆者の人生も残り時間が少なくなったのでやむを得ません。

独断と偏見が過ぎぬよう、各種先行研究の分析を参考にして、「照応」作業を進めたいと思います。

(＊1)『比較の原理と方法』、拙著『比較生涯教育』全日本社会教育連合会、昭和63年、P9〜16

(＊2) 三浦清一郎インタビュー記事　American and Japanese Adult Education; Cultural Comparison, Life-long Learning: Adult Years,AAACA,June,1981

目次

12
「いつかオレも偉くなるのよ」（私）
「それまでに死んじゃったらどうなのよ!!」（妻）

13
「『待たされれば』、『理想』も『情熱』もしぼむでしょう！」（妻）
「そうだよな!!」（私）

14
「何もできないのに威張っている爺さんが一杯いるじゃない！」（妻）
「世間はあの爺さんたちには冷たいよ!!」（私）

15
「何でただ働きしてるの？」（妻）
「してるんじゃなくて、させてもらってるんだよ」（私）

16
「『あの人』ががんばったんでしょう。『みんな』ががんばったんじゃないでしょう？」（妻）
「『あの人』が『みんなのお陰です』って言っているんだよ！
『一人の百歩よりみんなの一歩』がいいんだよ」（私）

17
「この国の傑作は『赤信号みんなで渡れば怖くない』だと思う」（妻）
「『個人が責任を取らなくていいからね。みんなで決めれば怖くない』んだよ」（私）
補考：競争回避社会なのになぜ学歴競争なのか？

18
「『受験地獄』も『学歴社会』も『競争社会』でしょう」（妻）
「部分競争はあっても『全体』は『競争社会』ではないよ」（私）

7 「なぜきちんと頼まないの？」（妻）
「なんで気を利かさないの！」（私）
8 「『根回し』って変でない？」（妻）
「変でも日本人には必要なんだよ」（私）
9 「ちゃんと言わないのは、卑怯よ！」（妻）
「無視がいじめの始まりだよ」（私）
10 「言わない方が悪いんですよ!!」（妻）
「言わない方がいいんだよ!!」（私）
11 やがて妻は自分の意見を言わなくなりました。
そして亭主にも意見を言わせないようになりました。
12 「秘すれば花」（世阿弥）
13 補考：国際化に対処するためには表現の「ダブルスタンダード」を使い分けるしかない
（1）一時的に日本人を止める
（2）サバイバルのためには「直接表現」を使う
（3）わが妻は「放たれし女のごとく」

Ｉ　「敗者」を恐れる文化

１　「偉い人」は「じいさん」ばかり！

「この国の偉い人はじいさんばかりだね」、と妻が言ったことがあります。筆者も若くしてチャンスをくれたアメリカを思い出し、妻の言う通りだと思いました。40数年前、私は29歳の助教授、採用してくれた学長は弱冠32歳でした。当時の日本では到底考えられない人事でした。

この国では、「細く、長く」は大事な教訓です。「太く、長く」がいいに決まっていますが、若い時に「太く」は無理なのです。日本社会は「若さ」にチャンスは与えません。だから「長生き」しないと損をするのです。妻は帰国後の私の「下働き」に大いに不満でした。アメリカでの処遇と比べて、私自身も「見倣いの下働き」に不満でしたから、ついつい「愚痴」が出ました。すると妻は、「気に入らないのなら、辞めてしまいなさい」と軽く言うのです。大学とけんか別れをした後、折角入れてもらった役所を自分から辞めたりしたら、２度と就職のチャンスは回ってきません。筆者は日本人ですから、日本の事情は分かっていました。転職の希望を口にするだけで、組織への「忠誠心」や人間の「信頼性」を疑われることになるからです。転職を重ねながら、自分の実力を試していくアメリカの常識とは全く事情が違うのです。以来、妻に愚痴をこぼすことは止め、「年を取ると段々事情は良くなるよ」と応えて、自らの慰めとしました。そして事実、年を重ねるごとに特別のことをした訳ではないのに、状況は好転していきました。まさに日米における年功に対する処遇は、正反対といえるほどに対照的でした。

日本で才能豊かな人の夭折が国を挙げて惜しまれるのも、可能性が蕾のまま散ってしまうからなのでしょう。

また、私たちが若かった当時は、日本の女性に「出る幕」はありませんでした。「じいさん」だけが偉くなるのはそのためです。あれから40年も経った今ですら、男女共同参画の社会的達成率は、世界の100位以下です。当然、日本社会の偉い人に「ばあさん」はいません。文化は頑固です。

（日本）
地位の高いのは年配者だけ
⟷
（アメリカ）
年齢は基本的に関係ない

偉くなるのは男だけ
組織への忠誠と勤続が基本条件
↕
男女共同参画の政策が成功し、女性の社会進出は著しい
転職を繰り返して実力を試すことが常識

2 「年を取ったら賢くなるっていう保障はないでしょう？」（妻）「そういう想定で日本の仕組みはできているんだよ！」（私）

日本社会の「年功」は「価値」の蓄積を意味します。「男性主導」で、「長幼の序」の理念を制度に翻訳した「年功序列制」は、未だに日本を支配しています。国際化だ、グローバリゼーションだと騒いでも、制度の哲学は基本的に揺らいでいません。「年功」は、圧倒的な強さで日本型人事を支配しています。それは簡単に変更のできる「仕組み」ではなく、長く日本人が生きてきた「文化」だからです。

日本人にとって年令と経験年数は、単なる時間の蓄積ではありません。「価値」の蓄積です。それゆえ、青少年の世界でも「先輩」は、先輩であるだけで「偉い」のです。年功は、あらゆる社会条件に左右されない「万人に公平な」「価値の基準」なのです。原則として、「年功」の価値は、年齢とともに上がる一方で、下がる事はありません。「長幼の序」や「敬老」の価値観は、文化が守ってきたのです。だから「年寄り」に「お」がついて「お年寄

り」となるのでしょう。

石堂氏は「ぐうたらな若者が年をとっただけの老人」をなぜ「お年寄り」と呼ばなければならないのか、と毒づいている筒井康隆氏を引いて、「賛成」だと言っています（＊1）。わが妻も石堂氏と同じように、年を取ったからといって賢くなるっていう保障はないでしょうと言っていました。

妻の言う通りです！だから、アメリカ人にとっては、年齢や経験年数は基本的に物理的な「時間」の蓄積なのです。「時間」は使い方次第で、本人の価値を増す事もあれば、逆に落とす事もあります。実力も、能力も、「時間」の使い方次第・努力次第で年々変わります。それゆえ、原則としてアメリカ社会は「年功」にわずかな価値しか認めません。最重要の基準は「実力」と「努力」です。それゆえ、年功は積み上げが効くこともあれば、効かないこともあります。アメリカの大学では、「教授」になって、10年くらい勤め上げると勤務契約継続の権利：「tenure（保障期間）」という身分の保障が与えられます。「年功」評価の小さな一例です。

一方、日本の場合は最初から終身雇用が前提です。文化も法律もこの価値観を支持しているので、余程のことがない限り途中解雇は極めて困難です。また、不満を口にする者の多くは信頼性を失うのみならず、転職しようにも転職先が中々見つからないのが現状です。

グローバリゼーションの影響で外資系の会社も日本にどんどん進出しています。結果的に「欧米基準」や「世界基準」が導入され、「競争原理」や「実力主義」も少しは日本に入りました。「派遣労働」や「契約人事制」はその代表例です。

日常生活面で、個人主義や「自己中」や「自己責任」が言われるようになったのは、「競争原理」が文化面に現れた代表例でしょう。地域社会では、共同主義、集団主義が崩れ、「無縁社会」と呼ばれるような人間関係が生まれました。その結果、あらゆる分野で「格差」が拡大し、人々の不満は日本中にくすぶっています。

もちろん、日本に流入した実力主義は、公平な競争をもたらした訳ではありません。競争原理は、もっぱら不定期雇用者や失業者や女性の再就職にだけ適用されています。それゆえ、定期雇用・終身雇用の中身は、「実力主義」ではなく、相変わらず「年功序列制」が支配的です。実力主義の嫌いな日本社会は、競争文化が嫌いなのです。日本社会にとって、競争は「和」を脅かす「悪」だと認識されているからです。聖徳太子の17条憲法以来、この国の集団と組織を動かす原理は「和をもって尊しとなす」だからです。

「実力主義」は、必然的に「勝者」と「敗者」を生み出します。両者の確執は「和」を破壊します。競争は文字通り争いの種になるので、日本文化は競争も実力主義も拒絶しているのです。「じいさん」だけが偉くなるのは、男性主導・年功序列主義社会の必然であり、男に限定した「長生きのご褒美」と言っていいでしょう。実力主義と年功序列主義は、仕組みの違いである前に、文化の違いです。日本文化が実力主義を受け容れたら、日本文化自体が根底から崩れるほどの違いなのです。韓国出身の比較文化学者：呉善花氏は、学生たちへの講義の中で、日本人は「なぜ列にきちんと並ぶのか」と聞いています。彼女自身の答は、「美しくない」と感じるからだというものでした(＊2)。やはりそうなのです。「順番」に「価値」がある以上、順番を破るものは「美しくない」のです。こうした日本人の感性は、社会制度を貫いて貫徹しているのです。

私が年齢とともに昇進・昇給していくのを見ても、妻の疑問は一向に解けなかったようです。「年功を積めば、誰もが賢くなるという想定で日本の仕組みはできているんだよ！」と説明したものでした。妻の答はいつも、「全然賢くなっていない爺さんがいっぱいいるでない！」でした。

（＊1）石堂淑朗『日本人の敵は「日本人」だ』講談社　1995年　p. 35

（＊2）呉善花『日本の曖昧力』PHP新書　2009年　p.102

（日本）
年功は「価値」の蓄積である
「年功」が職階の基準

⇕

（アメリカ）
年功は基本的に「物理的時間」の蓄積に過ぎない
「実力」が社会的処遇の基準

3　「何で経験者に下働きからさせるの？」（妻）「オレは新入りだからだよ」（私）

日本の社会的処遇のシステムは、年輩者を優遇し、若い才能を抑圧します。時に、年配者でも「新入り」は抑圧します。才能を抑圧するとは、能力発揮の機会を与えず、「競争」を許さない、ということです。自由に競争をさせたら、優秀な若い人材が、凡庸な先輩世代を追い抜くことは自明だからです。「新入り」も同じです。だから、そのような事態が起こらないように、若い者と新入りは「見倣い」・「下働き」と決まっています。下働きには、ほとんど仕事のチャンスも、権限も与えません。仕事を任されることがなければ、能力も実力も発揮できません。実力を発揮できなければ、「偉く」なれないのは当然なのです。

制度的には、それぞれの組織に「規定」があって、「課長相当年齢」や「教授昇進の年齢基準」が決められていて、年功の価値を補強しています。どれほど優秀でも、一定年齢まで昇進を許さなければ、普通の先輩が優秀な後輩に追い抜かれることは防ぐことができます。年功序列制度は、「ふつうの先輩」が「優秀な後輩」に追い抜かれる屈辱から守っているのです。

社会的な人材配置において、日米は見事なまでに対照的です。一方は、年功序列主義、他方は、実力主義です。年功序列の原点は、「競争」をしないこと、「勝ち、負け」を避けること、結果的に、「和」を乱さないことにあります。

「実力主義」は、その反対です。どの分野でも「競争」を奨励します。当然、「勝ち、負け」もはっきりします。掲げている最重要の原則は、競争条件の公平であり、実力に相応する社会的処遇を与えることです。それゆえ、実力主義は、自由競争の結果を人事に反映します。「優秀な者」、「努力する者」、「競争を勝ち抜いた者」を顕彰します。顕彰するとは、優秀な者を認めて引き上げ、努力する者を讃え、競争の勝者には、経済的利益、社会的地位、精神的名誉を与え、次なる活躍の機会も与えます。それゆえ、社会は、全システムを挙げて人々に努力を奨励し、競争の門戸を広げ、競争の公平を期し、何度でも「敗者復活戦」の機会を準備します。繰り返される敗者復活の競争のストレスから逃げない者だけが人生の成功を掴みます。

しかし、人間は感情の動物ですから、全員が敗者復活戦に挑むとは限りません。途中で諦める者も、やけになる者も当然います。また、「勝った者」は喜び、「負けた者」は悔しがります。気力や意欲を喪失する者も出てきます。こうした要因は、どこかで暮らしの「和」を乱すことになるでしょう。

日本社会は、明確に意識していないとしても、敗者の怒りや不満が社会の平和と安定を脅かすことになると予想しています。逆に、アメリカ社会は、敗者の責任は敗者自身の努力不足にあると考えます。自らの努力や能力の不足を顧みることなく、不満や怒りを社会に向けることは、言語道断であると考えます。しかし、客観的にアメリカ社会の現実を見れば、世界に冠たる文明国で、なおかつ、日常の「安全」や「犯罪」が問題になるのは、敗者の怒りや不満が社会の平和と安定を崩しているからだと考えざるを得ません。

（日本）
競争は「悪」である ⟷ 競争は「善」である
勝敗の結果は集団の和を乱し、個人の精神の平穏も破壊する ⟷ 公平な競争の結果は自己責任である
年功序列制は個人間の競争を回避する工夫である ⟷ 「敗者復活戦」の機会は何度でもどこにでもある

（アメリカ）
競争は「善」である
公平な競争の結果は自己責任である
「敗者復活戦」の機会は何度でもどこにでもある

4 「何で『がんばる人』をほめないの？」（妻）「『ほめられない人』がひがむからだよ！」（私）

日本の文化は、極端に「競争」を恐れています。競争の結果、「勝ち、負け」がはっきりすることを恐れているのです。それゆえ、「出る杭」は打ちます。「出る杭」は「勝者」になろうとする意欲の象徴だからです。だからがんばる人を褒めようとはしません。優秀な人を褒めることもためらいます。

極端な場合、小学校の運動会で一時は子どもに手をつながせてゴールさせるという、個人差を否定する教育が流行りました。関係者は「馬鹿げている」とは思わず「公平」で、「差別」を防止すると思っていたことでしょう。おそらく、勝敗を決めることは「敗者」の「差

別」につながると考え、集団の「和」が乱れると考えたはずです。この発想と同じ感覚が年功序列制の原点です。徒競走で手をつないでゴールすることは、「競争」の機能も、「競争の結果」も否定しようとしています。速く走れる少年の能力も、遅くとも懸命に走ろうとしている少年の努力も否定しています。最終的に、人間の能力差も努力の差も否定しようとしています。

運動会の発想を人生に持ち込めば、才能ある人々の能力や努力を抑圧・否定することに繋がります。発想の焦点を敗者の「不満」と「被害者意識」に当てているからです。「敗者」こそが競争の被害者であり、差別を受けることになり、結果的に、彼らの不満が暮らしの「和」を乱す要因になると考えるからです。日本社会は、教育界に限らず、「敗者」が生まれることを一番恐れています。敗者の「不満」、「反乱」、「ひがみ」、「やっかみ」をひたすら恐れています。それゆえ、勝者の「おごり」と「尊大」を警戒し、道徳律として「謙遜」や「控えめ」を強調するのです。

もちろん、勝敗は競争から生まれるので、「競争回避」が原則となります。特に、個人間の競争を極力避けようとします。原点は、「集団内の和」を守ることにあります。若い実力者を抑え、「出る杭」を打つのは、優秀な若者がふつうの先輩を抜いていくのを防ぐためです。年功の順序が狂えば、不満が発生し、波風が立って、「和」が乱れるからです。「年功」は万人に公平で、共通です。「競争の結果」よりは「年功」を重視するのはそのためです。組織の中で「がんばろうとする人」の足を引っ張るのも同じ原理が働くからです。一人だけがんばれば、ふつうの人ががんばっていないように見えるからです。「足並みを揃える事」、「横並び」、「人並み」は日本文化の原則です。

みんなと違うことは個人の「特性」ですが、日本文化では、多くの場合「マイナスの特性」になります。子ども仲間ではいじめの対象になります。だからこそなのでしょう。加藤氏は、「学校教育を自由化せよ」――「教育に自由、競争、多様化を」と主張し、有力識者の声も支持している、と言っています（＊）。しかし、一向に実現しません。恐らく、「自由化」を支持しているのは、日本社会の知的エリートだけなのです。義務教育時代に成績が「中」以下であった人々の意見を聞いて見る必要があるのだと思います。

一方、世間には、すでに「受験地獄」などがあるので、「競争回避」の原則は貫徹していないではないか、と批判する人がいるかも知れません。しかし、受験競争や学歴差別の仕組みは、文明の高度化に適応し、年功の価値を守るために工夫された仕組みです。受験競争も、学歴差別も、年功序列制度を守る「必要悪」として発想されています。両者は、「悪」

ですが、それ以上に「必要」なのです。文明の高度化に対応した年功序列人事配置上の苦心の発明です。それゆえ、受験競争も学歴主義も、部分的には「競争主義」で、「実力主義」ですが、両者を取り入れた全体のシステムは、断じて、実力主義ではありません。学歴主義が自由競争を回避する「必要悪」であるということに付いては、最後に「補稿」を設けて論じます。

（＊）加藤寛『教育改革論』丸善ライブラリー 平成8年 p.39

（日本）
みんなと違うことには用心が必要です ⇔ **（アメリカ）個人はそもそも違うことが前提です**
年功原理は、能力差や努力の差を重視しません ⇔ **能力差や努力の差こそが最も重要です**
「横並び」と「人並み」こそが「組織の安定」と「和」の秘訣です ⇔ **能力差や努力の差を公平に評価することが組織運営の原理です**

5 「何で意見を言わないの？」（妻）「反対意見が出た時、対立したくないからだよ」（私）

何で意見を言わないの？何で曖昧にぼかすの？なぜ討論させないの？何で誰も手を上げないの？などなど何度妻に聞かれたことでしょう。その度に、「対立したくないからだよ」、「目立ちたくないんだよ」、「意見を言うと自分に役が回ってくるからだよ」、「意見を言う人は大体損をするんだよ」などと説明したものです。

日本は、「自己主張回避社会」で、「競争回避社会」なのです。アメリカの「自己主張推奨社会」・「競争社会」とは対照的に異なった社会です。

人間の見方も、社会システムも全く違います。当然、教育のあり方も、雇用の仕組みも、人間関係も、仕事の仕方も著しく異なっています。競争社会は、不可避的に「勝者」を顕彰する社会になり、「競争回避社会」は、「出る杭を打つ社会」になります。「敗者」が生まれることを懸命に避けようとするのです。

競争社会では、勝者が支配し、彼らが意思決定の席に座り、指示を出します。競争回避社会は、「順番」が原則で、みんなの合意で決めることが原則です。それゆえ、異論・異議のある人々には、前もって事前の「根回し」をします。競争社会にとって、会議前の「根回し」は「リーク（情報漏洩）」ですから、討論の公平を期する意味でも、守秘義務の観点からも、とんでもない事でしょう！

競争社会の決定は、リーダーの即断即決か、討論後の多数決です。自分の意見の通らなかった人々に不満は残るでしょうが、議事は「多数決」と決まっており、決定後の執行権はリーダーにあり、執行責任もリーダーにあります。不承不承でもメンバーは従います。従わないものは組織に留まる資格を失います。もちろん、決定結果を執行できなかった場合、リーダーは実力不足の責任を取って、交代させられます。

競争回避社会はまるで反対です。決定は妥協的で、長い時間がかかります。メンバーに不満が残らないよう、あっちの顔もこっちの顔も立てなければなりません。そのための「根回し」です。不満や恨みが残らないよう、「丸く収める」のが優れたリーダーだということになっています。「玉虫色」の決定とか、「足して割った」決定などと呼ばれるのはそのためです。それゆえ、決定事項はほどほどにしか実行できません。それでも、リーダーの責任を強く追及する声は出ません。「みんなで決めれば怖くない！」のです。逆に「多数決」原理で突っ走れば、決めたことを実行できないという状況が度々起こります。「オレは聞いてない！」という声もあちこちから出ます。

前者の暮らしは、生産的で、フェアで、スピーディーです。しかし、社会の底辺に敗者の不満が沈殿し、機能重視のドライな、ぎすぎすした人間関係になります。この時、人間関係より、機能を重視するやり方を「ドライ」で、「ぎすぎす」と感じるかどうかもまた文化の問題です。

後者の暮らしは、平和で安全です。しかし、突出した才能や努力や意見を抑圧するので極めて非生産的です。両方とも、一長一短があり、相応に社会的コストは大きいのです。

（日本）		（アメリカ）
敗者の不満こそが社会問題の根源である	⇕	勝者の能力と努力こそが社会を活性化する
順番と合議制が決定の原理	⇕	リーダーによる決定と多数決が集団の意思決定の原理
決定過程は妥協的で、時間がかかる	⇕	決定は迅速
決定責任も、実行責任も主体は極めて曖昧	⇕	決定責任も、実行責任もリーダーにある

6　「評価されたら、みんながんばるでしょう！」（妻）「評価されない奴が足を引っ張るんだよ」（私）

競争社会の原則は人間の積極面を重視します。ある意味では楽天的な人間観を基盤とする社会です。「人は評価されれば、がんばるものだ」という発想を原点にしています。人間社会には、優れた人もいれば、そうでない人もおり、努力する人がいる一方、努力しない人もいます。人間は、様々で、均等でも、平等でもないと考えています。また、人間の中味が平等・均等でない以上、同じように処遇はできないということが前提になります。「同一労働、同一賃金」とか「同質労働、同一賃金」という昨今の考え方は、当然、実力主義社会の考え方です。多くの領域で日本社会は、そうなっていないことは周知の通りです。

もちろん、人々の能力や努力の程度が具体的にどう違うかは、できるだけ公平な条件で、競争してみなければ分かりません。競争社会は、「競争」で人間を判別でき、「競争」によって人はみな努力するようになると楽観的に信じています。だから、競争社会の説く平等は、原理的に「機会の平等」であり、「競争条件の公平」です。そして、競争の勝者は正当に評価されるべきだと考えます。一般に「実力主義」と呼ばれるのは、「競争主義」のことです。スポーツの世界と同じように、誰が一番の実力者であるかは、競争させてみれば分かるということが前提になっています。「勝者」には、金と地位と名誉という社会的報酬が与えられます。だから、みんながんばるのだという楽観的な前提につながっています。

運動会に手をつないで一緒にゴールするという日本とは対照的に、アメリカの多くの小学校は「英才教育」を実施し、能力別のクラス編成をしています。筆者の息子が通学した公立の小学校は1学年が6段階にも分けられていました。子ども時代から、競争は生活の原則であり、人生は「勝者」と「敗者」でできていると教えられることになります。成績の優秀な高校生には、学校から優等生証（The Honored Student）のステッカーが送られてきます。保護者は、そのステッカーを車のバンパーに貼ってわが子を自慢するのです。筆者が住んだ街では、テレビ局がスポンサーとなって、高校の優等生を讃えるパーティーを催し、街の目抜き通りを優等生が行進するという企画も実施されました。要は、「勝者」の祭りです。「勝者」は意気軒昂たるものでしょうが、「敗者」を顧みるという発想はないのでしょう。

「英才クラス（ＡＧクラス）」（Academically Gifted）の子どもたちは、トップのクラスを鼻にかけて偉そうに振る舞う、と3番目のクラスに入れられた息子は子どもなりに憤慨していました。

アメリカのテレビで教育番組を見ていたら、一番下のクラスに入れられた子どもは、意気消沈して、一切の努力を投げ捨ててしまう傾向があると警告していました。競争に破れた人々の希望の喪失が最大の問題であることに取材班は気付いたのです。このことは労働者にとっても、同じことです。敗者のレッテルが貼られて、社会的希望を失い、自助努力を放棄してしまった後では、向上や自己改善の意欲を失います。それゆえ、識字教育や職業訓練プログラムを提供しても、効果が上がらないのです。人生を諦めてしまったら、再起の意欲が欠如するからです。事実、犯罪でも、その他の社会問題でも、その大部分は希望や意欲を失った「敗者」が起こすのです。より一層の向上を目指す人々が起こすことは少ないのです。競争社会の最大のコストは、「敗者」の不満と怒りが引き起す様々な社会問題であると言って間違いではないでしょう。

（日本）		（アメリカ）
人間の感情は「負け」を受け容れない	⇕	人は評価されれば、がんばるものだ
競争の敗者は意欲も向上心も失う	⇕	競争は向上心を喚起する
結果を公平にする努力を続けなければ、敗者が生まれ続け、平等は実現しない	⇕	平等とは、機会の平等を意味する

7 「なぜ評価結果を待遇に反映しないの?」(妻)「敗者が生まれることを恐れているからだよ」(私)

「がんばっても評価されないのなら、がんばらない人が得をするんじゃない!」。「がんばる人が意欲を失ってもいいの?」

「よくないけど、それが平和のコストなんだよ」と応えるしかありませんでした。

日本文化は、人間の感情の「負」の部分を重視しています。日本人が意識しているか、否かは別ですが、日本文化は人間が理性的であるとは考えていません。アメリカの競争社会が、人間の「合理性」や「積極性」に信を置いているのとまさに対照的です。雇用システムで言えば、社会問題の大部分は、「実力のあるものが一時的に報われない」ことが主原因で起こるとは考えていません。反対に、社会問題は「実力のないものが、制度的に報われずに、惨めな処遇を受ける」ことが主原因だと考えます。もちろん、日本文化も、人間の能力、性格、生きる姿勢が多様であることは知っています。しかし、同時に、一部の人が「勝者」となり、他の人々が「敗者」となれば、「敗者」は、希望も、意欲も失ってしまうことを重視しています。「ねたみ」も、「ひがみ」も、「負け惜しみ」も、「責任転嫁」

も、「いじわる」も、「ないものねだり」も、人の性の常であると知っているからです。そうであれば、「敗者」は、努力を放棄し、協力を拒み、報われぬイラダチを反社会的な行為で表しても不思議ではありません。極論に過ぎる事は承知していますが、日本文化は「嫉妬や羨望」に配慮する文化です。「やっかみ恐怖文化」と呼んでもいいくらいです。

逆に、アメリカ社会は「やっかみ」に配慮しません。敗北は敗者の責任であると割り切っています。しかし、現実には敗者の怒りや無気力が社会のトラブルを招きます。自由の国には勝つチャンスもふんだんにありますが、負ける危険もふんだんにあります。負け続けた者が、「やっかんだり」、「やけになったり」して、社会の安全を脅かすのです。ノーベル賞受賞者を輩出する背景で、女性や子どもが安心して道を歩けないという治安状況は敗者が作っているのです。

妻の目には、競争を認めず、実力を認めないのは、「アンフェア」で「悪平等」であると映っていたのでしょう。しかし、反面、日本社会は、競争社会に比べて遥かに安全で、平和なのです。日本の社会が安全なのは、「やっかみ」も、「やけ」も、「無気力」も、「意気消沈」も、相対的に少ないからです。経済のグローバル化の結果、現代日本は大分アメリカ型に近づいてきました。その分「やっかみ」問題も、「無気力」問題も多発しています。30年前の日本は、欧米諸国に比べて、貧富の差は小さく、生活保護の受給率は低く、ストライキやサボタージュの率も低かったのです。なにより、日本の安全と犯罪率が低いのは、世界で有名な話でした。そうした現象は、治安能力の問題ではなく、自分の欲求不満を反社会的な犯罪や破壊行為に向ける人々の数が相対的に少なかったからです。現代は、外資系企業が進出し、人事発想に欧米の基準を取り入れ、「格差社会」になりました。日本の安全神話も大分怪しくなっていることは周知の事実です。「悪平等」は、確かに「まずい」ことも一杯含んでいます。「弱者」を甘やかすことが民主主義か、と書いている人もいます（＊）確かにそういう面もあるのです。しかし、「敗者」を生まないようにする仕組みは、社会を「敗者」の自暴自棄の怒りから守る機能を果たしているのです。日本は、「安全」第一、「和」が第一の国なのです。実力主義社会は反対に、競争の「自由」と競争が生み出す「活力」と「進歩」が理想なのです。

（＊）石堂淑朗　前掲書　p.12

（日本）
個人の自己実現より安全第一、「和」が第一
「不満」や「やっかみ」は競争が作り出す
↕
（アメリカ）
個人の自己実現を優先、
そのための自由とフェアな競争が活力を生む
「不満」や「やっかみ」は本人の責任である

8 「なんで『遅い人』に合わせるの？」（妻）
「『置いていかれた人』が問題を起こすからだよ、アメリカを見れば分かるだろう」（私）

運動会の徒競走の同時ゴールという発想は、「遅い者」に合わせる発想です。「敗者」を屈辱から守ろうとしたのです。自由に走らせたら、トップもビリもはっきりするからです。日本社会は、敗者が生まれることをひたすら恐れ、「長幼の序」の価値観と「年功序列制」の仕組みによって、極端に「遅い人」が出ないよう万全の気配りをしているのです。どんな組織の規定を見ても、20代や30代で、部長や教授にはしませんでした。例外は、田舎の警察署のトップに回ってくる「警察庁エリート」ぐらいのものでしょう。同じ仕事や、先輩以上の仕事ができたとしても、若い者を先輩と同じ処遇にはしませんでした。時には、

若い人たちの方が多くの仕事をこなしていても、先輩の給料は高く、先輩の地位も上なのが普通です。年功序列制は普通の先輩を「切れる」後輩から守ってきたのです。組織の活力が停滞したとしても、それは「組織内平和」のコストなのです。アメリカ人の妻には極めて分かりにくい考え方です。

更に、40代を過ぎて、相応の年齢に達すれば、普通の先輩でも管理職に就けて、責任者にします。後輩とは一線を画した「肩書き」をつけて「勝者の席」につけるのです。課長ポストが足りなくなると、「参事」を発明し、「主幹」や「代理」をつくり、「課長補佐」や「参事補佐」までつけて肩書きを補充します。同世代の間に大きな溝ができないように工夫するのです。もちろん、年功は必ずしも能力を保障しませんが、組織内の不満を最少限に抑え込み、日々の人間関係の平穏を保障しているのです。

（日本）
トップの栄光より、ビリの屈辱を重視する ⟷ **（アメリカ）能力・努力を評価しなければ、社会の発展可能性を阻害する**
年配者の「顔」を立てる ⟷ **年配者の顔を立てるという発想は存在しない**

9 「評価はフェアじゃないってこと?」(妻)「『ひいき』も『縁故』も『七光り』もこの国の常識だよ」(私)

競争社会と非競争社会では人間の見方が対照的に異なります。アメリカのような競争社会は、人間の「積極面」を重視します。「がんばったことを認めれば、人間はもっとがんばるはずだ」という信念が社会制度の背景にあります。ところが、日本のような非競争社会は、反対です。人間の「負」の部分である反発や身勝手さを重視します。競争の敗者は、すんなり「負け」を認めないだろうということを重視します。競争の結果、自分が敗北したとしても、それが自分の責任であると認めなかった場合を心配します。まして、「勝者」が社会的に厚遇され、「敗者」が冷遇されるとしたら、人間はおとなしく結果に甘んじないことを知っているからです。どの社会制度にも、競争のシステムにも、多少の欠点や不備はあるものです。それゆえ、「オレはついていなかっただけだ」と考えることも、「ひいきがあった」、「システムがフェアではなかった」と言い訳を発明することは簡単です。泥棒と一緒にするのは恐縮ですが、「泥棒にも3分の理」というくらいですから、当然、「敗者にも3分の理」はあるでしょう。

公平な競争を避ける分、日本には派閥やコネや付け届けや身内びいきが横行します。政治の世界では、「親の七光り」で、2世議員が氾濫します。松下幸之助さんは「松下政経塾」を作って、政治家を養成しようとしたのですから政治の世襲に納得していなかったのでしょう。しかし、2世議員もまた選挙で選ぶのですから、多くの日本人はそれでいいと思っているのです。

さて、競争社会の「敗者」が自分の敗因を認めなかった時、彼らの不満と怒りは蓄積され、増幅され、反社会的な欲求不満を生み出します。競争のシステムが良くできていたとしても、競争は「敗者」を社会に対する敵対者にしてしまう危険があるのです。制度が合理的であっても、人間の方は必ずしも合理的ではないからです。それゆえ、日本社会は「敗者」が少ない程、平和で、安全で、「和」が保たれると判断したに違いありません。

もちろん、「農耕社会」は、狩猟や牧畜の社会と違って、自然条件への依存度の大きい社会です。リーダーの能力差は端的に生産結果に反映されません。多くの場合、豊作になるかならぬかは「お天道様」次第です。農耕社会は、人間の能力の優劣はあまり関係ないという特性があるのです。「隣り百姓」と言うように、近隣の「優れた百姓」の真似をしていれば、大方は済んでいた（＊）に違いないのです。

他方、狩猟文化や牧畜文化は違います。これらの文化では、戦略や技術の差は結果に直結しています。したがって、戦略や技術を選択するリーダーの能力は決定的に重要です。アメリカはそういう文化の国なのです。

（＊）イザヤ・ベンダサン『日本人とユダヤ人』角川書店　１９７１年

（日本）
農耕文化は大きく自然条件に依存している
農耕文化の成否はリーダーに依存しない
↕
（アメリカ）
狩猟・牧畜文化は戦略・技術に依存している
狩猟・牧畜文化の成否はリーダーの能力が決定的に重要である

10　「『不満』を作らないために競争しないいってこと！」（妻）「『勝者』を作らなければ、『敗者』も居ないいってことさ!!」（私）

運動会で1等2等を決めるから、「ビリ」が泣くのです。「敗者」を作らない原理は、「勝者」を作らないことです。勝敗は、対を為す概念ですから、「敗者」は「勝者」の裏側の概念です。「勝者」がいなければ、「敗者」も出さずに済むのです。それゆえ、あからさまな競争は厳禁です。競争こそが「勝者」と「敗者」を生み出すことになるからです。日本社会の言う「和をもって尊しと為す」という倫理を制度に翻訳すると、「競争はさせない」という意味です。

アメリカ社会は、「勝者」を顕彰しながら、同時に「敗者」を救おうとしていますが、その試みが失敗の連続であったことはアメリカ犯罪史が証明しています。アメリカ社会は、赫赫たる勝者の栄光のかげで、敗者が引き起す犯罪や社会問題は一度も解決できたことがありません。勝者を存続させながら、敗者を救うことは実に容易ではないのです。アメリカ社会も「競争」が犯罪や社会問題を発生させる根源であることは知っています。しかし、実力発揮の自由と実力に見合った公平な処遇を国家存立の思想にしている以上、「競争」と「実力主義」を犠牲にしてまで、「安全」を求めるという発想は出てこないのです。「優れたもの」をなぜ引き上げないのか？「努力する者」になぜ報いないのか、と問われれば、すでに「同質労働、同一賃金」の理念を理解している日本人は答に窮することでしょう。

アメリカはもちろん、日本も人間は決して平等ではなく、優劣があり、生き方の姿勢も異なることは重々承知しています。日本文化は、人間が不平等だからこそ、お互いに補い合い、能力や性格の違いをあまり甚だしく社会的処遇に反映させないという配慮をしているのです。要するに、日本型社会システムは、人間の能力差と努力の差に意識的に目をつぶっているのです。

筆者のアメリカ在職中、社会学の授業でも、日常のディベートでも、安定と安全を守る原理として日本社会を貫徹する「年功序列制」については、なんども説明を繰り返しました。しかし、誰も賛成しませんでした。自由競争を犠牲にしてまで、結果に格差が生じない事を目指す日本の発想は、学生にも同僚にも、全く理解されませんでした。能力のある者を、能力のない者と対等に処遇することには、全員が反対でした。努力する者と努力しない者を同等に扱うことにも大反対でした。ましてや年齢と経験年数の差だけを理由に、能力のある者の頭を抑えて、差別的に扱うことなど全く理解されませんでした。筆者の表現能力では、アメリカの学生や教師に、年功序列制の意義を納得させることはできませんでした。

長年連れ添った妻は、筆者が加齢とともに社会的信頼を高めていくのを見て、仕組みの意味を少しは理解したと思います。しかし、賛同した訳ではないと思います。「日本人と結婚したのだから、仕方がない」と思ったのでしょう。最終的に、日本社会に対するアメリカ人の感想は、「アンフェア」で「耐え難い」ということでした。「なぜ、若い世代の叛乱が起こらないのだ」と言った学生もいました。彼らは、実力主義文化の厳しさに慣れ、自由競争の結果を甘んじて受け容れるアメリカの合理精神の持ち主だったのでしょう。ただし、筆者もアメリカ社会の底辺にいる人々に聞いた訳ではないのです

（日本）
年功序列制は少しだけ不公平
日本人は「年功」の価値を疑問視しない
⇕
（アメリカ）
能力差・努力差を認めないのは大いに不公平
アメリカ人は年功序列制を全く認めない

11 「『若い人』はできないって決めてるみたい！」（妻）「先輩を『敗者』にしないために必要なんだよ」（私）

敗者を作らないという文化は、先輩を敗者にしない道徳律に支えられています。日本文化は、競争原理を社会システムに持ち込まないだけでなく、競争回避システムと「若いこと」はマイナスであるという道徳律の組み合わせでできています。道徳律の根本は長幼の序の価値観です。それゆえ、日本文化は、実力主義社会とは異なった特別の価値意識をもち続けています。年功序列制は「長幼の序」の社会システム化であると書きましたが、年上の者を若い実力者から守る仕組みなのです。「年功」の「年」は年齢、「功」は経験年数です。

年功を重んじる社会は、年齢も経験年数も重んじるので、「新参者」や「外来者」についても大いに差別的です。

若輩、若造、後輩、新人、新米、未熟者、修行中の身、若いくせに等々若者の存在価値を貶める叙述がたくさんあります。これらの大部分は、先輩、古参、円熟、老練などに対する「マイナス」の発想です。「長幼の序」の「長」はプラスで、「幼」はマイナスです。だからこそ、先輩の顔が立ち、高齢者は社会的に敬意を持って処遇され、敬老の日も制定されています。

日本文化は年齢と経験年数を能力・実力の上に置いています。先輩と後輩の差は、通常年齢と経験年数の違いです。この前提を崩すと、必ず優秀な若者・努力する若者が普通の先輩を追い抜いてしまいます。先輩から敗者を出さないためには、どうしても優れた若者の頭を抑えなければならないのです。

また、古参と新参（新人）の場合は、中根千枝氏が指摘した通り、「場」や「集団」に帰属した年数が価値の基準になり、「タテの序列」を形成します（＊）。これも同じく、新入りが古株を実力によって追い抜かないための工夫です。また、「年功」の基準が揺らがないよう、「職業移動」や「集団間移動」を抑制し、「終身雇用」と「終身忠誠」を担保しています。日本で、職業や職場を変えることは、年齢に関係なく、当該集団の「新入り」―「下積み」からやり直しということですから、移動する本人に大きな不利益をもたらします。「ヘッドハンティング」などが導入された現在では、日本の事情も少しは変わったと思いますが、筆者の時代には、職業を移動した者に対して、「辛抱が足りない」とか「尻が軽い」という道徳的な評価がありました。「移動できない職業人」は「移動できないほどに無能だからである」と評価されるアメリカ社会とは全く正反対です。

もちろん、文明の高度化とともに、「タテ社会」のシステムも変わりつつあります。技術革新の速さや経済のグローバル化に対応するため、部分的には、実力主義も取り入れました。「年功」基準だけに頼ることはできないので、学歴や資格試験を絡めて、ますます複雑化しています。しかし、集団や組織への「帰属時間の長さ」が価値であるという大原則は、基本的に変わっていません。「定期昇給」や「永年勤続表彰」の伝統はその象徴です。有名大学卒の公務員試験上級合格者は、出世競争において、初級・中級の一般公務員を軽々と追い抜いていきますが、同一資格を持つ自分たちの仲間内の先輩後輩の順序は、まだ厳密に守られています。

（＊）中根千枝『タテ社会の人間関係―単一社会の理論』講談社現代新書　１９６７年

（日本）
「若さ」はマイナス
若い才能は押さえ込む
先輩を差し置くな

（アメリカ）
「若さ」の評価は能力と努力次第
若い才能はいくらでも伸ばしてやる
年齢・経験年数は、基本的に仕事に関係ない

12 「いつかオレも偉くなるのよ」（私）「それまでに死んじゃったらどうなのよ!!」（妻）

研修を担当する役所に入れてもらった時、妻は、講義を担当しない私のことが不満でした。「なんで?」とよく聞かれました。「オレは見倣いの、新入りだから」と答えると、「あんたはアメリカの助教授だったのよ」と言います。「過去は関係ないんだよ」。「おおいに関係あるでしょう!」。「だんだん、偉くなるよ」。「それまでに死んじゃったらどうなのよ!!」「死に損ということだよ」。と続きます。

日本では、長幼の序の価値意識で若者の頭を押さえ込むだけでは、社会の安定と統率は万全にはなりません。「先輩だから偉いのだ」と言うだけでは、若者の不満を抑えきれないのです。事実、「生まれ」の後先は能力・実力には関係ないからです。そこで考え出さ

れたのが「いつかお前も偉くなる」という「がまんの約束手形」です。年功序列制の基本は、「順番制」ですから、真面目に務めて、待てば、必ず「職階」や「役割」や「給料」が上がっていきます。それゆえ、若者たちには、「今は不満だろうが、がまんしなさい」、「すぐにお前の時代がくる」と言い聞かせるのです。大部分の若者は、周りの先輩の例を見て、40歳を過ぎれば自分の時代がくると納得して下働きに甘んじるのです。先輩に「名」を取らせ、上の者に手柄を横取りされても、それが世の中だと自らの巡り合わせの不運を諦めるのです。

他方、アメリカのような実力主義の社会では、世代間の競争は熾烈です。普通の中高年は、体力も気力も落ちてくる時期に、優秀な若者に追い上げられて、後塵を浴びることになります。アメリカ社会には「実力者」を守る仕組みはありますが、「先輩」を守る仕組みはありません。「敬老」の精神も希薄です。それゆえ、高齢者たちは「シルバー・パンサー」のような自衛集団を組織して、自らを守らねばならなくなります。アメリカの中高年に比べれば、日本の中高年は、若者から追い上げられる脅威はなく、年功に応じて社会的地位も報酬も上がっていきます。年を取っているだけで威張れるのですから、高齢者にとっては極楽の社会です。実力が基本的に関係ない以上、安泰で幸せな老後を迎えることができているのです。妻にもだんだんそれが分かってきました。

若い時代に外国で活躍した人々の多くが、老後は日本に帰って来ることにも気付きます。江崎玲於奈氏や広中平祐氏などがその代表です。欧米諸国では老後も競争が続きます。アメリカに残れば、彼らも後輩から追い上げられます。

一方、日本の年寄りは、すでに競争や努力の必要はなく、故国に錦を飾る英雄としての帰還です。年功序列社会の悲劇は若くして死ぬことです。豊かな才能に恵まれたものは、その優れた能力を発揮できる前に散ることになります。夭折は日本社会の悲劇なのです。若くして死んだ才能ある者は「判官びいき」に似た感情で社会に記憶されます。石川啄木や滝廉太郎などはその代表でしょう。

若者にがまんをさせる社会は、若者に活躍のチャンスを与えないだけでなく、若者の業績は社会的評価の対象にもしません。文化勲章から小さな町の表彰状に至るまで、若いものはもらえません。先輩を立てなければならない以上、年寄りをさておいて若い者に勲章をやることはできないのです。名誉教授から永年勤続表彰まですべて年功が基準です。「先輩を差し置く」ことは、「タテ社会」の原理に反し、「敗者を作らない風土」の道徳律に反するのです。それゆえ、この国の最大の問題は、リーダーとなった人間のリーダーシップの欠如と「老害」です。リーダーの多くは、年功の故にそのポストにつくのであって、必ずしも能力によってではありません。また、年寄りが役職を降りないために、人事も事業も停滞し、あらゆる革新が遅れるのは「老害」の故であることは、日本中の組織が悩んでいる周知の事実でしょう。

このような制約の中でも、大部分の若者は、「年功の約束手形」を信じて真面目に働きます。時々の不満はあるでしょうが、真面目に働いていれば、いつかは社会が年功に応じて自分を処遇してくれると信じているからです。集団内の争いや衝突が少なければ、創造や革新はできなくても、社会全体の機能は向上するのです。

（日本）		（アメリカ）
少しだけ待てば、君の時代は来る	⇕	いつまで待たせるのだ、待たせる理由が分からない
中高年は若者と競争しなくていい	⇕	職業人生は引退まであらゆる世代間の競争に耐えなければならない
年功リーダーの多くがリーダーに値しない例が頻発する	⇕	リーダーは実力で選抜される
敬老の精神は高い	⇕	敬老の精神は低い
老害は必然	⇕	年齢に関係なく実力者が主導する社会に老害は存在しない

13 「『待たされれば』、『理想』も『情熱』もしぼむでしょう！」（妻）「そうだよな!!」（私）

長幼の序を基本とする社会の最大の問題は、「待たされれば」、「理想」も「情熱」もしぼむ、ということです。多くの若者が40歳を過ぎ、「活躍の舞台」を与えられた時、かつての情熱や理想を失っていることです。若い実力者にがまんを強いて世代間の「和」を維持することの副作用です。若い実力者、優秀な努力家で、日本社会の「待ち時間」にがまんのできない者は、アメリカのような実力主義の国へ「頭脳流出」します。思ったようにやらせてくれて、実力相応の処遇があるからです。ノーベル賞を取得した多くの日本人研究者はそういう方々です。日本の社会が変革の力やスピードに欠けるのは、若い人々が活躍できないということが大いに関係しています。また、現状に満足して、変化の嫌いな年寄りが意思決定の中枢を握っているということも大いに関係していることでしょう。さらに、みんなの意見を入れて丸く収めようとするから、ますます決定が遅くなるのです。換言すれば、「和」の哲学が迅速な決定の邪魔をするのです。

年を取れば、誰もが、「失うもの」を多く持つようになります。地位も、名誉も、給料も、家族も、しがらみも増えます。それゆえ、中年期を過ぎれば、「変化」よりは「安定」を望み、「失敗」を恐れ、「安全」が保障されたものだけを追います。大多数の中高年は、「冒険」より「安逸」に傾きます。これはどの文化でも同じことですが、年を重ねて、「失うもの」が多くなれば、冒険も実験もしなくなります。冒険に内在する「理想」や「情熱」を失うのです。アメリカの活力は、優秀で努力する「若者」を重用し、「実力」相応の処遇を与え、彼らに冒険を許すからです。世界中、どの文化でも、若者は「冒険」も「失敗」も「変化」も恐れないからです。アメリカン・ドリームを築いたのは若者です。フロンティア・スピリットを掲げて、西部を開拓したのも若者です。

日本社会でも、まちづくりは「若者」と「よそ者」と「バカ者」に任せよといいます。「和」のしがらみに囚われていない者だけが、変革を主導し、変化に対処できるのです。

しかし、日本社会は、若者やよそ者を押さえ込んで、冒険も実験も許さない仕組みを持っています。それゆえ、ノーベル賞に限らず、創造や革新の領域において、実力主義の社会に敵うはずはないのです。日本は欧米先進諸国に高い特許料を払って、実力主義社会が生み出した成果をいち早く模倣かつ応用して生き抜いてきたのはそのためです。もちろん、模倣にも、応用にも、それなりの能力は不可欠です。それが「隣百姓」の原理です。日本の近代化は、欧米を「隣の百姓」に見立てて、模倣したということです。「帝国主義」まで模倣して、近隣諸国を侵略戦争に巻き込んだことは誠に悲劇的でした。

しかし、戦争の荒廃からいち早く立ち直り、日本が世界に追いつき、全体として安全で効率よく回っているのは、集団内の争いが少なく、模倣・応用の能力に優れていたからです。しかし、一旦はトップに躍り出たものの、世界をリードできなかったことは明らかではないでしょうか！

（日本）		（アメリカ）
やがて活躍の舞台は来るじゃないか！	⇕	若い時こそが創造の時なのだ
中高年になれば冒険はしなくなる	⇕	中高年も若い世代に追い上げられ、冒険や実験を迫られる
先進事例の模倣と応用に終始する	⇕	創造と革新で勝負する

14　「何もできないのに威張っている爺さんが一杯いるじゃない！」（妻）「世間はあの爺さんたちには冷たいよ!!」（私）

妻は威張るだけで謙譲を知らない爺さんたちをいたく憎んでいました。私は、大丈夫、世間がお灸を据えるよと言い続けたものです。

「和」を尊ぶ社会は、競争をできるだけ避け、勝ち負けをはっきりさせません。だから「地位の高い者」も沈黙させます。日本文化は、若者を抑圧したように、「偉い人」のことも抑圧します。「偉くなった者」が己の地位を誇れば、地位のない者が敗者になるからです。それゆえ、「偉い人」に「控えめ」を要求する警告は、敗者を作らない社会の価値観です。代表的なものは「能ある鷹は爪を隠す」でしょう。この格言は謙譲の美徳の勧めであると同時に「威張るな」、「実力」をひけらかすなという実力者への警告です。他にも、「実るほど頭を垂れる稲穂かな」とか「下がるほどその名は上がる藤の花」があります。格言の意味するところは同じです。

優れた上司が自分の手柄を誇らずに、部下を褒め、チームを讃えるのも同じ感性からきています。実力者が目立たなければ、実力のない者も目立たなくて済むのです。年を取ってよぼよぼになった実力者だけを表彰していれば、「死ぬ前だから褒美くらいやってもいいだろう」と誰もが納得するのです。かくして、日本社会では、夭折は悲劇で、長生きしなければ「損」なのです。長老支配はこのようにして起こりますが、彼らが「謙譲」を知らなければ、老害と呼ばれて、人々から疎まれ、蔑まれるのです。社会が高齢化して、「定年制」が確立したので、いくらか老害状況も変わるだろうと期待する向きもあるでしょうが、どうしてどうして、年功序列社会に「老害」のなくなる日はありません。「知らぬは老害者ばかりなり」です。


（日本）

謙譲の美徳は実力者への警告 ⇕ （アメリカ）実力は本人の努力と能力が獲得したものであり、誇っていい！

老害は疎まれ蔑まれるが、気付かない者だけが老害を続ける ⇕ 老害は存在しない

15 「何でただ働きしてるの？」（妻）「してるんじゃなくて、させてもらってるんだよ」（私）

「名」と「実」の使い分けは、年功序列社会の若者慰労策です。戦国時代に「陣借り」という参加の仕方がありました。有名な武将の下で「与力」として働いて活躍の舞台を得ることです。この伝統は「名義借り」として今も残っています。若い研究者が、有名教授との共同研究に名を借りて論文を発表するなどというのは、現代の陣借りです。商売人の間でも名義を借りて、商売を始めることは良くあることです。原理は「名」と「実」を使い

分けて、「若い実力者」に活躍の舞台を与えるということです。外からは「ただ働き」に見えるかも知れませんが、機会を与えられた若者は、自分の将来のための「営業」です。それゆえ、多くは喜んでただ働きをしているのです。私もその一人でした。当時の役所では、自分の専門領域でも、市販の雑誌への寄稿が禁じられていました。だから、私は他人の名前を借りて原稿を書いていました。書かせてもらっていたのです。

もちろん、日本社会の年功による昇進は、必ずしも当人の能力の「裏付け」がある訳ではありません。それゆえ、上司になった普通の先輩がその役職を十分にこなせない心配も出てきます。そういう時には、若い切れ者の補助者をつけて、「名」と「実」を使い分けます。「名」は先輩にとらせて、「実」は若い者が果たします。先輩の「名」を立てて、陰ながら自分の実力を発揮できた者は、みんなが見ています。われわれの周りにも、「普通」の上司と「優秀」な部下の組み合わせの例はたくさんあります。社長と専務、課長と課長補佐、校長と教頭、教授と助教授など、そうした事例は枚挙にいとまがないのです。

それゆえ、日本には、部下にほとんどの仕事を任せて、自分は責任だけをとるという管理職の生き方が生まれました。「名と実の使い分け」発想から派生した年長者の生き方です。それゆえ、彼らの多くは謙虚です。彼らが、どこまで意識しているかは分かりませんが、自分は実力だけで偉くなったのではないと分かっているのです。若くても自分より能力が高く、実力のある部下がいることも分かっているのです。「分を知る」とはそういうことでしょう。もちろん、日本の仕組みでは、若い部下たちはその実力や努力に見合った評価は受けていません。それゆえ、意思決定も、判断も、自由な交渉も許されてはいません。だから、若い意欲のある部下に活躍の舞台を設定し、力を発揮させてやるのが上に立つ者の役割になります。謙虚な上司は彼らを励まし、仕事の条件を整え、判断や交渉を任せます。万一、部下が失敗して、うまくいかなかったら、自分が一切の責任を取ればいいのです。仕事が成就した時は「私は優れた部下に恵まれたから……。」と謙遜します。一方の部下に聞いてみると、「上司の度量が大きく、安心して、思い切り仕事をさせてもらいました。」と言います。謙譲の文化が創り出す麗しい人間関係の一コマです。お互いを立てることが美しい平和な社会を創るという両者の思想は一致しているのです。

部下にもまた、謙譲の美徳があるから「任せる」ことができるのです。もし、凡庸な上司にこの自覚がなかったら、悲劇ですね。老いて未だ年功による昇進を自覚せず、自分より優れた部下の力を自覚できなければ、後進に活躍の舞台を与えることはできません。部下の手柄を横取りすることも起こります。その典型が老害です。サラリーマン川柳を読むとその手の恨み節がたくさん出てきます。

「空気読め!!」と説教する上司に、部下の方が「オレたちの気持ち読め!!」と言い返した川柳がありました。また、電話がかかってきて、「課長いる?」と聞かれた部下が、「要りません!」と応えているのは、謙譲の美徳を理解しない上司にうんざりしているということなのでしょう。

この社会では、若い者の「出る幕」を作るのは先輩の義務です。それをやらない上司は、敗者を回避しようとしてきた社会の弱点を補うことができません。

「若返り」の儀式はどの組織でも行なわれますが、教育や福祉の任意団体や町内会のような自主組織では、役員規定に年限のルールがありません。だから本人の自覚がなければ、延々と老害が続きます。「誰が猫の首に鈴を付けるか」は、老害に頭を痛めている組織の決まり文句です。

（日本）
「ただ働き」には「搾取」と「チャンス」の二つの意味がある
↕
（アメリカ）
「ただ働き」はあり得ない

若い実力者の待遇は変えない。しかし、仕事の機会は与える ⇔ 若くても実力のある者には、待遇も仕事も与える

無能なリーダーシップを補うために、「名」と「実」を使い分ける ⇔ 実力者だけに「名」も「実」も与える

16 「『あの人』ががんばったんでしょう。『みんな』ががんばったんじゃないでしょう？」（妻）
「『あの人』が『みんなのお陰です』って言っているんだよ！『一人の百歩よりみんなの一歩』がいいんだよ」（私）

高校野球のヒーローまでが「チームメイトのお陰」を口にします。日本社会にヒーローは居ない方がいいのです。年功序列主義の最大のマイナスは、人間が最も成長し、冒険を厭わない青年期に、若い人々の才能と実力を抑圧することでしょう。逆に、アメリカのような実力主義社会の最大のプラスは、若人の才能をいくらでも伸ばしてやれることです。敗者を作らない風土ではその逆になります。若い実力者を抑えて、「みんな」や「先輩」の顔を立てなければならないからです。「お陰さま」を連発するのは、手柄を「みんな」に譲るだけではなく、世間を敵に回さない一番の戦略なのです。

勝者を顕彰する風土では、エリートがますます優れたエリートになります。そうした社会では、世界をリードする優れた人々が育ちます。しかし、日本の風土はエリートの存在そのものを嫌います。エリートの存在は、非エリートの存在を前提にしなければならないからです。「一人の百歩よりみんなの一歩」と叫んでいるのはそのためです。インタビューで「みんなのお陰」を言わなければならないのもその価値観が支配しているからです。当然、世界をリードするなどということは半ば諦めなければなりません。

それゆえ、競争回避社会＝非実力主義の社会は弱者にやさしい社会です。落ちこぼれや敗者が出ないように、システムを挙げて気を配ります。みんなで助け合うので、全体のレベルも上がります。「みんなの一歩」という価値意識は、社会生活の質を均等化する働きをします。日本社会は「格差」を嫌うので、相対的に、「飛び抜けて金持ち」も「飛び抜けて貧しい人」も少ない制度になっています。累進課税はその代表例です。多くの人が「中流意識」を持っている（持っていた）ということも頷けます。社会の質を平均で計れば、日本は治安もよく、教育レベルも勤労意欲も高く、決して他の国々に引けはとらないのです。世界に冠たる大学群を有しながら、他方で、何千万人もの識字教育に悩んでいるアメリカとは大違いなのです。

（日本）
一人の百歩よりみんなの一歩 ⇔ みんなの百歩より一人の百歩
集団を優先、全体を優先 ⇔ 個人を優先
横並びを優先 ⇔ 特性を優先、個性を優先
（アメリカ）

17 「この国の傑作は『赤信号みんなで渡れば怖くない』だと思う」（妻）「『個人が責任を取らなくていいからね。みんなで決めれば怖くない』んだよ」（私）

事故や不祥事の責任者が明確でないことは、アメリカ人妻にとって誠に不思議な日本的現象だったようです。実力主義社会では、リーダーが明確で、その結果責任の所在も明確だからです。事故や不祥事の責任者は十中八九処罰されるか、交代させられます。当時の日本は「結果責任」という言葉も「説明責任」という言葉も聞かなかったように思います。「お陰さま」の反対で、結果責任は連帯責任となり、「みんな」に負わされていたのです。一同納得の上でやったことですから、当然と言えば当然です。

実力主義社会は個人間競争を奨励します。競争が公平を保障し、競争が活力を生むと信

じています。実力主義社会は、必然的に、「結果主義」社会になります。実力を判定し、社会の処遇を決めるためには、競争の結果ではっきりさせなければならないからです。日本社会も競争が社会的活力のカギになることは重々承知しています。競争心は、攻撃性であり、積極性であり、創造的であり、努力をもたらすことは人間の歴史に照らして、経験上明らかです。競争がもたらす「マイナス機能」があったとしても、競争原理を否定してしまう集団や社会では、人間のエネルギーが枯渇してしまいます。競争原理抜きの平等主義が機能しなかったことは、共産主義社会の壮大な歴史実験が既に証明しています。では、「個人間競争」を抑制する日本社会はどう工夫したのでしょうか?

個人間競争の問題は敗者がはっきりと分かってしまうことです。それゆえ、敗者が分からない競争にすればいいのです。それには競争の当事者を「個人」から「集団」へ転換させればいいのです。日本社会は「みんな」が起点です。派閥社会はそのようにして成立したのです。「みんなで決めれば怖くない」「みんなでやれば怖くない」というように、決定責任も、実行責任も曖昧にできるのです。

個人と個人が競争すれば、結果は明白に出ます。敗者も明確になります。しかし、3年A組とB組の競争では、個人の優劣はぼかされてしまいます。A社とB社の競争でも、A

大学とB大学の競争でも同じです。もちろん、団体戦でも活躍する個人とそうでない個人の差は出ます。しかし、団体戦の勝ち負けの個人差は決定的ではありません。チームの団結や連帯に注目すれば、集団間競争の結果は、「みんなの責任」となり、あるいは、「みんなのお陰」となります。個人の優劣は露呈させなくて済むのです。「みんなで渡れば怖くない」のです。

それゆえ、日本社会は個人戦を排して集団戦を採用したのです。集団間競争は個人間競争の弊害を大きく緩和することができます。しかも、競争原理はそのまま維持することができます。非実力主義社会の知恵の結晶が集団間競争です。競争集団はいくらでも小集団に細分化できます。1年1組は小さな「班」に分解することができ、同時に、かつて軍国主義思想が活用したように、小集団をまとめれば、「全日本〇〇会」のように国家規模にまで拡大することができます。もしかすると、「大東亜共栄圏」も、西洋列強に対する集団主義の応用であったかも知れません。

学校対抗は学年対抗に、学年対抗はクラス別対抗に、クラス内では班別対抗に細分化できます。役所や企業の組織でも同じことです。派閥も、学閥も、組織内セクトも集団間競争によって強化されていきます。社会は個人よりも全体、自分よりは集団の方に価値を置きます。個人のアイデンティティは、集団のメンバーとして成立します。集団への忠誠心や帰属意識が能力と同等に評価されます。集団内の結束が強くなれば、集団内の甘えやコネや身びいきも生まれ、他の集団に対する排他性や差別も生まれます。「個の自立」は当然遅れますが、メンバーは集団に自己を投影し、時には、同一視し、集団とともに笑い、集団とともに泣くことができるようになります。様々な弱点や副作用を含みながらも、集団間競争は、個人が敗者となり、取り残されることを防止するという点では、抜群の効果を発揮しているのです。「みんなで渡れば怖くない」が集団間競争を支え、かつ集団主義を貫徹している原理です。個人主義を前提とした実力主義の社会ではほとんど起こり得ない現象です。

（日本）		（アメリカ）
「みんな」を主役にするので権限も責任も曖昧である	⇕	あらゆる事象で個人の権限と責任は明確である
集団間競争を重視する社会	⇕	個人間競争を重視する社会
集団で固まり、集団は細分化して「派閥」や「セクト」や「縄張り」となる	⇕	集団で固まる傾向は相対的に少ない

18 補考：競争回避社会なのになぜ学歴競争なのか？

「『受験地獄』も『学歴社会』も『競争社会』でしょう」（妻）「部分競争はあっても『全体』は『競争社会』ではないよ」（私）

（1）高度化と分業化に対応

学歴社会とは、学歴が社会的処遇の基本条件になる社会を意味します。それゆえ、いい学校へ入るための競争が受験地獄を生み出しました。地獄とは、「勝敗」の熾烈な決定戦を象徴しています。「偏差値輪切り」の教育はその結果であり、反動としての「ゆとり教育」も受験地獄の反省の産物です。もちろん、塾も予備校もその落し子です。今や、競争に勝ち抜くため、塾に行っていない子どもはいないと言っても過言ではないでしょう。それゆえ、塾を抜きにして教育の成果を論じることはできません。だから「ゆとり教育」は塾の繁栄をもたらしました。「ゆとり」が「充実」に繋がらないこともハッキリしました。要するに大失敗であったという総括になり、土曜日の授業も復活しそうです。学校週五日制は、「教員の週休二日制」に合わせただけですから、政策上のぼろが出たとしても当然のことです。ここもまた「みんなで渡れば怖くない」ということでしょう。

妻の指摘通り、学歴社会は競争回避社会の原理原則にすべて反しています。運動会の徒競走で手をつないでゴールした子どもと、夜遅くまで塾に通う子どもは同じ子どもです。この強烈な矛盾と混乱を指導した教員たちはどこまで自覚していたでしょうか？受験は文字通り実力主義の競争で、学歴は「実力」の「代替証明」です。敗者を作らないように務めてきた日本社会も「学歴競争」だけは例外の「必要悪」として認めてきたのです。「必要悪」は最終的に「悪」ですから、ないに越したことはないので誰もがその弊害を問題にします。また、同時に「必要」でもあるので、誰もが仕方が無いと思っています。受験競争は日本文化にとっては苦渋の妥協的産物です。

根本の理由は技術革新の進行にあります。文明が高度化し、社会が分業化し、暮らしの仕組みが複雑になっていくと、単純な年功序列制度では世の中が回らなくなります。社会が必要とする能力に見合った教育や訓練は高度化します。仕事は専門別の知識と技術によって分業化するので、能力のない人間を年功の基準だけで枢要なポストにつけることはできなくなります。それゆえ、暮らしの高度化と分業化に対応した人材配置が必要になります。その必要に対応した答が学歴主義です。学歴主義は、競争回避社会の原理原則に反することは明らかですが、適切な人材配置のための「次善の策」で、妥協の産物です。日本社会が身分制度を撤廃した後は、旧来の身分制を越えて人材を発掘する有効な手段となり、「学士様」は出自に囚われない、日本型の階層間移動を可能にしたという評価もあります。

（2）学歴社会の中の年功序列制

競争回避社会の最善の策は競争原理を入れないことです。しかし、人事配置上、人材の選別が必要になりました。選別は、必然的に競争や判定を伴います。年功序列社会は、「次善の策」として、止むなく学歴主義を導入しました。「次善」とは、社会の基本原理からの逸脱を最小限に留め、なおかつ、必要な人材配置を行なうことができる妥協策であるという意味です。「妥協」の中味は、部分的に学歴競争という競争原理を取り入れざるを得なかったということです。学歴主義では、競争を学歴だけの範囲に留めることができます。

学歴主義の導入は、労働人口を必要と想定される能力に応じて、学歴階層に分類します。具体的に、単線化した戦後教育では、義務教育と中等教育と高等教育という学歴階層に3分類します。複線的であった戦前の教育では、義務教育相当、中等教育相当、高等教育相当であり、学校の種類によって、分類はもっと複雑でした。

学歴主義は、それぞれの学歴階層内で、年功序列制度を適用する仕組みです。換言すれば、年功と学歴を組み合わせた人材配置システムということができます。

もちろん、階層別の社会的処遇は極めて差別的なので、「学歴主義」は疑いなく差別の仕組みです。中卒と高卒と大卒の間には歴然とした処遇上の差別があります。当然、学歴差は敗者を生み出します。それゆえ、誰もが学歴社会を批判し、にもかかわらず誰もが学歴競争に参加したのはそのためです。しかし、日本社会が運営原理とする年功序列制の基本は貫徹しています。すなわち、同一学歴階層のなかでは年功序列制が守られます。原則として、高卒者は高卒者の中で、また、大卒者は大卒者の中で、先輩を追い抜くことはないように工夫されています。学歴主義は、実力主義の社会への全面移行を阻止するための「必要悪」だからです。実力主義に対する防波堤と言ってもいいでしょう。日本社会は、学歴主義によって、全面的な実力競争を回避し、敗者の「大量発生」を防止していると考えることができます。なぜなら、学歴主義は実力主義ではないからです。

(3) 学歴主義は実力主義ではない

学歴社会には重要な仮説があります。それは学歴＝潜在能力という仮説です。それゆえ、言葉の真の意味において、学歴＝実力ではありません。

賃金差は、学歴差賃金であって、実力差賃金ではありません。昇進の速さや社会的地位も「実力差」によってではなく、「学歴差」によって決められます。人材配置と社会的報酬の配分は、あくまでも実力差ではなく、「学歴＝潜在能力」という仮説に則って行なわれます。しかも、「同学歴者」の間の処遇は「年功」で決められ、実力競争はさせません。

学歴が潜在能力である以上、高等教育を受けていても実力の付いていない者はいくらでもいます。逆に、高等教育を受けていなくても、実力のある者も当然います。競争させてみれば、力の差ははっきりするのですが、競争を避けるための工夫ですから、学歴競争以外の競争のチャンスは与えられません。

国民の能力を発掘し、適正な人材配置をする必要が生じた時、実力主義に基づく自由な競争をとるか、それとも学歴競争に限定した競争をとるか、日本社会の選択肢は２つでした。日本社会は従来の文化伝統を守って、自由競争による実力主義を避け、学歴主義を選んだのです。そもそも、学歴主義は実力主義の全面流入を回避するための工夫です。

もちろん、学歴主義は、学歴競争ですから、学歴による差別は歴然としています。実力はあっても、学歴のない人々は、生涯、高学歴者の後塵を拝することになりました。当然、わが子を学歴競争の敗者にしたくない親は、受験競争を加熱させました。「ゆとり教育」でこの競争に勝てるはずはなく、塾が繁盛するのは当然のことだったのです。日本の家庭の教育費が高騰するのもまた当然の結果です。

（4） 公務員試験の中の資格差別

学歴主義の類似発想は、公務員に適用された資格差別です。公務員試験も基本的に上級、中級、初級の3階層に分けられています。官僚だけに国家を代表させていた時代の遺物と言っていいでしょう。いわゆる上級職は猛スピードで出世街道を突っ走ります。ここでも学歴主義と仮説の原理は同じです。

上級職＝高度の潜在能力という前提で、人事配置や昇給が行なわれます。仮説ですから、後の人生の努力次第で能力はいくらでも変わり得ます。それゆえ、何年か経ってみれば、優秀でない上級職もでます。資格をまたいで、優秀な中級職も、初級職も育ちます。しかし、異なった資格者間の競争はさせません。年齢を超えた同資格者の間の競争もさせません。処遇は、同資格者内の年功によって決まります。

常識的には、若い時の1回の試験で人間の適正や実力が分かるはずはありません。また、その後の個人の努力で人生の実力はいくらでも変わり得ます。途中で公平な競争をさせてみれば、個々人の真の実力はすぐに分かることですが、決して競争はさせません。仕事の中で実力差が見えたとしても、当初の資格を優先させます。上司は原則として、個人の実力は、オープンに「判定」しません。従って判定結果に基づく処遇の変更もありません。競争も、判定も、年功序列の原理を崩すことになるからです。それゆえ、若いときの資格試験に通っていない、あるいは、試験を受けていない中途就職の実力者は資格差別に泣くことになります。選択肢は、公務員制度内の実力主義か、資格主義かです。もちろん、競争を避けたい日本社会は躊躇なく資格主義を選びました。いわゆる「キャリア組」は軽々と「ノンキャリア組」を追い抜いていきますが、「キャリア組」の中の年功序列制は確実に守られます。「ノンキャリア組」についても原理は同じです。かくして「順番制」原理の根本は守られるのです。

（日本）		（アメリカ）
文明の高度化に対応する人事配置上の工夫が学歴主義	⇔	一貫して実力主義
同学歴者の中の年功基準は変えていない	⇔	学歴だけで能力の証明はできない、公平な人事には競争が不可欠
資格差別も同じ妥協策、同資格保持者の中の年功基準は変えていない	⇔	資格主義は職業生活を貫徹し、資格保持者の中の実力競争も一貫している

II　直接表現文化と間接表現文化

国際結婚における夫婦間の言動の違いや衝突は、「個人差」の結果であり、同時にまた「文化差」の結果でもあります。「アメリカ文化」の結果であると思われるところだけを抽出して「鏡」とし、「鏡」に映った日本文化を分析してみると、「表現行為」に対する「意味付け」・「価値付け」こそが日米文化の最も際立った違いのように思えます。自分の妻を分析の素材として文化論を書くことは、プライバシー保護と文化比較の間のきわどい綱渡りをしなければなりません。「表現行為」は、個人の性癖と文化の区別が難しいからです。それゆえ、小生が論じる表現行為の分析が亡妻の個人的感受性や生育歴の故だと思われることを一番恐れています。亭主の証言は裁判の「証拠」にもならぬことは承知しておりますが、妻はアメリカでは珍しいほどに、内向的で、控えめであったと最初にお断りしておきたいと思います。分析の叙述を、一方では、できるだけ具体的かつ写実的にしながら、他方では、家族の気持ちを配慮して、後で読む子ども達が嫌がるだろうなと思うところはできるだけ抽象化に努めました。以下は小生の「間接表現文化論」の原点となった日米文化における「表現行為」の比較です。

1　「なぜちゃんと返事をしないの！」（妻）「言わなくても、分かるだろう？」（私）「分かってても、言ってほしいの！」（妻）

以下は「のろけ」ではありません！

今時の若い人たちには分からないでしょうが、アメリカでデートを始めた頃、一番困ったことは、街中で手をつないだり、腕を組んだり、話の途中に感情が高じて突然ほっぺたにキスされたりすることでした。アメリカで暮らしているのだから、「郷に入っては郷に従え」というけれど、身に付いたしつけと感性は、習い性となって、自分を縛ります。人がいるところで抱きつかれたりすると、身体が硬直してしまいます。「忍法金縛り」です。「オレは人前では辛いんだ！」と説明しても、周りの友だちもみんなそうしているので、日本人の異議申し立ては、あまり本気に取ってはもらえません。また、妻の方は、「腕を組む」というような身体的表現で、「この人は私のもの」とでも宣言するかのように振る舞います。他の恋人達も、そうしなければ恋人ではないかのように毎回そうします。

人前での男女の「親密行為」は「はしたない」と叩き込まれてきた私は、その度におどおどしたり、棒立ちになったりして、ぎこちないこと甚だしい限りでした。しかし、文化とはかくも違うものかと思わせるほどに、当時の日本人が発想する「はしたないこと」は、アメリカ文化が公認する「愛情表現」なのです。それゆえ、もちろん、彼女にとって「愛情表現」が「はしたない」はずはありませんでした。

帰国前、二人でヨーロッパを旅した1年間だけは、知った人がどこにもいなかったので、「旅の恥はかき捨て」の感覚で、大分、欧米流の表現にも慣れました。

問題は、日本へ帰った帰国後のことです。特に故郷の田舎へ帰った時には、肩を並べて歩くだけで「目立ち過ぎる」わけですから、当方が懇願して手をつないだり、腕を組んだりはしませんでした。ある時は、妻に見とれた中年のオヤジが自転車でどぶに落ちたこともありました。そういう時代でした。

しかし、二人が離れて歩く時、妻は、不憫に思えるくらい、真底、詰まらなそうで、寂しそうでした。だから、東京や札幌の雑踏を歩く時は、私が妥協しました。腕を固く組んで歩く時、彼女はさも安心したようで、弾んで歩きました。電話を切る時の最後はいつも「愛してるよ」でした。英語だから、私も日本語の場合と違って、少しは抵抗感が薄れて、

「I love you , too.」と応じました。しかし、周りに日本人がいる時は、口が凍り付くので「Me, too」ぐらいしか言えませんでした。何ではっきり言わないの、と後で責められます。「言わなくても、分かるだろう?」と私は言うのですが、妻は「言ってほしいの!」と言うのです。愛情表現は、結婚生活の「手続き」なのだと言われました。

人間関係を保つための愛情表現は「羽根つき」のように、相手が打ってきた羽をきちんと打ち返して初めて意味があるのです。「言わなければ分からない」のではなく、「返事をしなければ」、「相手の表現を受け取ったことにならず」、「こちらの意図を表現したことにもならない」ということでしょう。

どこの文化でも、誰にとっても表現は相互の「応答」によって成り立つものだと思いますが、アメリカ人の妻にとっては、言葉でも仕草でも直接的にやり取りしたものが、表現の名に値するのです。アメリカは「直接表現の文化」なのだと後に悟ることになります。

日本人は「言わず、語らず」でも、「以心伝心」で理解できることを大事にします。直接言うことは「はしたない」と言う感覚もあります。「いちいち言うな」とか「いちいち言わせるな」という思いは強いのです。

「分かってくれよ」という文化と「分かりあっている間柄でもキチンと表現して」という

文化は往々にしてすれ違います。妻が日本文化の表現文法を理解するまでの間、いろいろな「行き違い」が起こりました。「発言しない者」は、「発言すべき中身を有していない」とする文化に取って、「I love you.」を言わないことは「愛していない」ことになるのです。教室で質問や意見を言わない学生の評価が低いのもそのためです。

（日本）		（アメリカ）
言わなくても分かって欲しい	⇕	表現は人間関係を保つ手続きです
はしたないと思うことは言いたくない	⇕	言わなければ、返事をしたことにはならない
言わないことにも意味がある	⇕	言わないことは「言うことがない」と同じである

2 「どうぞおかまいなく」（私）「水を頂きます」（妻）

よそ様を訪問した時に日米二つの文化の「差」は際立ちます。妻はアレルギー症状があって、茶類を飲めなかったので、最初は、「どうぞ、おかまいなく」から始めて、最後は小生が、実は妻は「アレルギーのため茶類が飲めませんので、水を頂きます」と説明することになりました。当時は、来客にいつでも珈琲をだせるようなお宅は滅多にありませんでした。このような状況を2〜3回繰り返すと、私は「どうぞ、おかまいなく」で、妻は最初から「水を頂きます」と言うようになりました。

事情が呑み込めない相手の方はびっくりしています。そこでまた私が一部始終を説明することになります。日本文化は、まず、私は「控えめで」、「図々しく振る舞いたくありません」ということを伝えるために、「どうぞおかまいなく」から始めるのですが、アメリカ文化では「何か、飲み物でもいかが?」と始めます。聞くからには、聞く方に複数のメニューが想定されています。だから、最初から、「珈琲と紅茶とコーラがあるわ」などと言ってくれるのです。言われた方は自分の好きな物を答えればそれでいいのです。最初の頃は遠慮して、「おかまいなく」とか「何でも結構です」などと答えて、相手を困惑させたものでした。「飲みたいものも決められないのか、このぐずは!!」と思われたと思います。

このような状況で、アメリカ文化には「遠慮」から始めるというコミュニケーションは存在せず、当然、「遠慮しないで」とこちらの意思決定を促してくれるコミュニケーション作法もありません。

アメリカ文化では、「言ったこと」は「意味したこと」ですから、「何か飲み物いかかが?」

と聞く以上は飲み物を出してくれるのが前提で、通常遠慮は無用です。「ありがとうございます。丁度喉が渇いていたところでした」などと受け答えをする方が、和やかな会話に繋がっていくのです。

他方、日本文化では、控えめや遠慮の仕草を経ずにストレートに答えることは、時に図々しくて無作法と取られます。日本人の場合は、往々にして「言ったこと」と「意味したこと」が違うので、相手は「遠慮なさらないで」とか「粗茶しかありませんが」などと気を回して、促してしてくれます。「それでは、お言葉に甘えまして……」などと、日本では、遠慮のキャッチボールを積み上げていく仕草こそが和やかな会話に繋がる水路付けなのです。遠慮のクッションを入れなかったりすると、後で何を言われるか分かったものではありません。「どうぞ、お上がり下さい、って言ったらね、あの人本当に上がったのよ!!信じられる!!」などと言われかねないのです。たかがお茶一杯のことでもコミュニケーションの作法は根本的に違うのです。

アメリカの学生時代、私は下手な英語で「どうぞおかまいなく」とか、「ノー、サンキュー」とか言って、折角の珈琲を逃したこともありました。こちらは遠慮して、「まあそう言わないで」と相手が促してくれることを待っています。しかし、「遠慮」コミュニケーションの存在しない文化は決して促してはくれません。だから、「控えめ」どころか、逆に、態度不得要領の「うじうじした」「のろま野郎」だと思われたことでしょう。

それゆえ、「いま、お茶を差し上げますから……」という奥様に、間髪を入れず「お水を頂きます」と言う妻は無作法な不意打ちだったと思います。多くの奥様が、妻の「言外の言」を慮りかねて、遠慮だろうと勝手に解釈して、お茶と水の両方を持って来て下さったものでした。その時は、私たちも、くどくどしたお茶アレルギーの説明は控えて、私が2杯のお茶を飲むようにしていたのです。

（日本）
直接的な意思表示は不作法である
遠慮の作法を積み上げてコミュニケーションを始める
⇕
（アメリカ）
直接的な意思表示や感謝を求めている
遠慮の作法は存在しない

3　「詰まらないものなら、何で持って来るの？」（妻）

日本人の謙譲の美徳は、罪のない小さなウソをたくさんつかなければなりません。「愚妻」とか「豚児」などはもはや誰も言わなくなりましたが、身内の紹介はへりくだるという感性は未だそここに残っていることでしょう。お裾分けの常套語の「詰まらないものですが……。」は、謙譲文化の延長です。

アメリカ文化は正に反対です。上手にケーキが焼けた時など、妻は意気揚々と「今回はおいしくできたのよ」と言って他の人々に分けていました。論理的に考えれば、「詰まらないもの」を人様に差し上げるのは、「無礼」なことですから、「何で?」と思っていたことでしょう。日本文化の「控えめ」はアメリカ文化の「自信のなさ」と重なるのです。

初めてお目にかかった外国人に紹介される時など、妻は私を褒めまくるので閉口したものでした。逆に、日本式に、私が妻を事実以下にへりくだって紹介などすると「なぜちゃんと紹介しないのか」とすこぶる機嫌を損じたものです。日本流の「謙譲」は、アメリカ文化の「自己卑下」であるということでしょう。

妻の社交は、いつも他人の美点と長所を褒めまくるところから始まります。相手の身だしなみから、立ち居振る舞いまでいいところを見つけることは実に上手でした。日本では「褒めごろし」にあたるところもあったでしょう。「まあ素敵」とか「とってもいい感じ」などは、妻流会話の糸口でした。「美点の発見」から始めるコミュニケーションは、もちろん妻だけではなく、アメリカ文化の推奨するところです。お互いに「舐め合う」ように褒め合います。日本人には、「歯が浮くようで」とても真似のできる所ではありません。その延長で、妻は、亭主のことも実に「褒め上手」でした。もちろん、妻だけが褒め上手なのではなくて、アメリカ文化が褒め上手なのですからご留意ください！ゴミ出しから皿洗いまで、アメリカ人の夫たちを見倣って義務感でやっていたのですが、褒め上手にかかると、進んでやっているような錯覚に陥ります。赤ん坊のお守りから、たまに作る焼きそば料理までいつも褒められてコマネズミのように働いたものです。

一方、妻の新しいスカーフにも、髪型にも、ドレスにも気付かない私は「無能なコミュニケーター」で、「無粋」の極みだったことでしょう。時々、自分もがんばらなくっちゃと、決心した日もありました。妻に合わせたつもりで、「それは新しいドレスだね」などと言おうものなら、「2年前から着てるのよ」とけんもほろろでした。直接文化の表現は、「表現する」ことだけが大事ではないのです。相手の行為・行動に、間髪を入れず、タイミング良く表現すること、表現が相手の期待に応えて「粋」で「シャレている」ことが大事なのです。2年前のドレスを褒めることなど正に「やぶへび」だったのです。

日本では、ストレートに「人を褒める」という表現は、時に、「へつらい」であり、「がさつ」であり、「非礼」であり、場合によっては、取ってつけたようで「わざとらしい」、と取られます。たとえ、言おうとしたことが、「正しい」ことでも、「本当の」ことでも、人前で表現すること自体が人々の眉をひそめさせます。「わざとらしい」と言われます。「あいつ良く言うよ！」と言われます。多くの「直接的で」、「親密な」表現は「わざとらしい」思わせぶりが見えて、「言わずもがな」のことなのです。親しくない間柄の男性から、突然、身だしなみを褒められたり、感想を言われたりしたら、日本の女性はきっと身構えることでしょう。多くのアメリカ人に取っては、それがチャーミングな会話の始まりなのです。逆に、日本文化は「もの言えば唇寒し」で、「ヘンタイ」などと思われかねないのです。

当然、私はファッションや人々の立ち居振る舞いについては無口になります。反対に、妻は、日々、工夫を凝らしたファッションや人々の言動を、褒めまくって和気あいあいのコミュニケーションを作り出します。妻のファッションについても、言動についても、亭主の私が全く気にも止めず、そのセンスを認めず、褒め言葉を口にしないことは、さぞ不満だったことでしょう。しかし、慣れない日本人が女性に褒め言葉などを使えば、大抵、ＴＰＯに反しますから、自身を泥沼に蹴落とすことになるのが落ちなのです。

妻のしつけはアメリカで暮らすことを選択した娘に受け継がれ、40歳を過ぎた今、娘は私のことを何くれとなく褒めて励ましてくれます。息子の方は、日本で職に就いて日本文化を習得し直したのでしょう、ほとんど全く褒めてくれません。気がつくと、いつの間にか、子ども達から褒めてもらうことを待つようになりました。時間を経て、美点を褒める妻の表現の「しつけ」が私に大いに影響しているのです。遅まきながら、褒められて育てられた亭主であったことを痛感します。これは「のろけ」になるでしょうね!!

（日本）
丁寧や遠慮のために小さな嘘をたくさんつかなければならない
良きにつけ、悪しきにつけ、他者への直接的コメントは控える
⟷
（アメリカ）
嘘をつく必要はほとんどない
他者の美点を認めるところから会話が始まる

4　「子どもは素直!! 授業参観は感動!!!」（妻）「中学生になれば何も言わなくなるよ」（私）

妻は小学校の授業参観が好きでした。子どもが生き生きしていると喜んで出かけ、時には私まで引っ張り出されました。先生の質問や問いかけに子どもはためらわず勇んで手を上げ、発表します。小学校の指導は明らかに学習活動への積極的参加、自由な表現、活発な意思表明を重んじています。

「自分の思ったことはどんどん意見を言いましょうね」

「分かった人は手を上げて皆さんに説明して下さい」

「分からないことは進んで質問しましょう。それが一番の勉強です」

小学校の先生方はこんな風に呼びかけているはずです。そして子どもは素直にその指示に反応しています。妻は「ハイ、ハイ、ハイ、ハイ」と競争して手を上げる教室の活気がお気に入りでした。アメリカを思い出させるものがあったのでしょう。私は皮肉のつもりはありませんでしたが、「今のうちだけだ。中学生になれば何も言わなくなるよ！」と言ったものでした。

私はわが子が張り切り過ぎて、「ハイ、ハイ」を連発し始めると、そのはしゃぎ過ぎにいたたまれなくなります。得意げに後ろなど振り向かれると恥ずかしくて帰りたくなります。だから、家に帰ったら言って聞かせます。

「いいか！子どもでも、ものには程度がある！」

「先生の質問が分かったからと言って、毎回手を挙げるな！他の子にも手を上げる番を回しなさい。」

「先生があててくれなくても、背伸びしてまでハイ、ハイというな！」

子どもは不満です。褒めてもらえるつもりで帰ってきたのですから、必死に抗議をします。だって「先生がそうしなさい」って言ったと言います。ここは文化の曲がり角です。日本の文化は答えが分かったらいつも積極的に意見を言いなさいとは教えていません。むしろ控えめにしなさい、と教えています。

恐らく、小学校の、特に低学年担任の先生方は文化的ジレンマの中に生きているのではないでしょうか？子どもたちに教えるように、ご自分は生きていないと思います。「自分の思ったことでも、どんどん意見を言うことは控えているはずです」。また、「自分が分かったことでも、手を上げて皆さんに説明するなどということも決してなさらないでしょう!!」こうした文化の掟を守らなければ、教師集団の中で生きていけるはずはないのです。だから、私も子どもに「控えめ」を教えなければなりません。「仮に、先生がそうおっしゃっても、いつも、いつも手は上げるな」「人に譲る方が大事なのだ」「分かってても自分が背伸びしてまで手を上げるのは、美しくないのだ！」

かくして子どもたちは「出る杭は打たれる」ことを学ぶのです。おそらく、「能ある鷹は爪を隠す」のだ、などと教えたはずです。それゆえ、上級学年にいくほど、教室の活気は失われます。中学や高校になれば、教室で生徒に発表や質問をさせることはますます難しくなります。大学の授業では質問や意見を言う奴は「状況音痴」だということになります。もちろん、彼らに質問がない訳ではありません。意見がない訳でもありません。

日本人に限ったことではないでしょうが、彼らは「表の顔」と「裏の心」を上手に使い分けているのです。日本人は、そうした「自己防衛」が顕著ですから、「表の顔」を見ているだけでは、彼らの気持ちは分からないということです。彼らは、「うら」では、「言わぬが花」だと思っているのです。「うら」とは心であり、「うらやむ」とは「心が病む」ことであり、「うらぎる」とは、「心を切る」ことであるという土居健郎氏の指摘は実に納得です。（＊1）

教室で「ものを言う」には、日本文化の掟に照らして、「安全な条件」が整っていないのです。彼らは「ええカッコし」になりたくなく、教師や仲間に「生意気」だと思われたくないのです。コンパや喫茶店のインフォーマルな会話のように、「安全な条件」さえ整えば、彼らにもたくさんの質問や意見があって、本当の「うら」を見せることになるのです。

（＊1）土居健郎『表と裏』弘文堂　昭和60年　p.12

（日本）
教室で発言するのは小学校の中学年まで
教室内の発言は採点の対象にはならない
上級学年になるほど発言は「生意気」の色彩を帯びる

⬍

（アメリカ）
教室はいつも活発である
教室内の発言こそ採点の対象である
常に教師は学生の発言を歓迎する

5　「あの人は賛成なのか、反対なのか、さっぱりわからない」（妻）「最後は自分でも分からなくなるんだよ」（私）

日本のテレビ番組では、自分の意見を「ぼかして」言ったり、「周りの立場に配慮して」、「持って回った」言い方をする人が多いことに気付かされます。だから、日本語に習熟していないと、「ＹＥＳ」と「ＮＯ」や、「賛成か」、「反対か」がはっきり分からないことがあります。そんなとき、妻は「なぜはっきり言わないの」、「He has no balls」（肝っ玉が小さい）と舌打ちします。「あいつは気を使ってるだけだよ」と私が言うと、「気を使わなければ、意見が言えないならテレビなどに出るな！」とご機嫌斜めでした。内気な妻でさえＹＥＳとＮＯは実にはっきりしています。肯定も否定もノーコメントも理由を付けて明快に説明します。それが日本人の耳には強く聞こえたようです。「奥様、ご自分の意見をお持ちですね」とか「はっきりものをおっしゃいますね」と言われたものです、「言外の言」を察することを美徳とする日本人にしてみれば、「はっきりものを言う」ことの半分は「ずけずけと言う」ことへの批判的な意味だったことでしょう。日本人は、「賛成」と言う時は「反対」の人が身近にいるのではないかと気を使い、「いろいろな考えの方がいらっしゃいますからね」、「そういう見方も成り立ちますね」などと「余計な前置き」をおいて、自分の意志表示はぼかします。「ぼかし」も「遠回し」も「控えめ」の表現技術です。むしろ、「はっきり言わない」ように訓練されているのです。「結構ですね」は、「どうでもいい」という意味であり、「オレはいらない」という意味であり、「好きなようにしたら」という意味でもあります。どっちにでも転べるのです。最後は自分でも賛成か反対か分からなくなるのです。

「どうぞ御上がりになりませんか」は、礼節の一部で、そう言う決まりになっているから言ってみただけで、実際は、「上がってもらっては困る」という意味です。

「はい」は「いいえ」で、「いいえ」は「はい」なのです。「活発な御坊ちゃま」は、「やんちゃでしつけの悪いガキ」の意味で、「詰まらないもの」は「自慢のもの」となります。「謙譲」とか「丁寧」で表現が味付けされると、日本人の「言っていること」と「意味していること」が正反対になることも妻はすぐに理解しました。「省略」や「沈黙」が。「答えたくない」や「言ってはならない」という意味であることもすぐに理解しました。

「あそこのおばさんデブだよ」と言った子どもは厳しく咎められます。「だって、本当だもん」と子どもは言うでしょうが「本当だから黙ってなさい！」と日本の親は叱るのです。この国では、直接表現は「悪」なのです。また、言語表現上の意味を「真に受ける」ことは、訓練の不足で、間抜けなことなのです。「悪さをしたら、どうぞ叱ってやって下さい」と、悪ガキの家族が言ったとしても、真に受けてはならないのです。うっかり叱ったりすれば、近所付き合いが悪くなることは必定です。

日本人の日常コミュニケーションには、文化が公認した「日常芝居のセリフ」が多く含まれています。罪のない芝居の一部と心得れば、誰も小さなウソには目くじらは立てません。英語にも「リップ・サービス」（外交辞令）という「お世辞」や「白いウソ（White Lie）」と呼ばれる「罪のないウソ」はありますが、日本人ほど頻繁には使いません。

日本人は、丁寧や控えめのための「小さなウソ」に対して、騙されたとか、嘘をつかれたとは感じません。「言ったこと」と「意味したこと」の間に「落差」があるのは当然だからです。日常のやり取りで、その「落差」を察しなければなりませんが、礼節を心得、「気を回す」訓練を受けてさえいれば、さほど難しいことではないのです。まさしく嘘もコミュニケーションの方便なのです。コリン・ジョイスは言っています。「日本人は世界でも有数の正直な国民だ。世界中のどの国の人だってウソをつく。しかし、ウソをつくことをいつもおおっぴらに認めるのは日本人くらいのものだろう。」（＊1）

妻はこうした文化上の約束を素早く理解したと思います。日本人は、「全部を言わない」から裏を読まなければならないことも理解しました。この国では、「気を回すこと」、「察すること」、「空気を読むこと」が不可欠なのです。儀礼上のたくさんのウソがあることも理解し、「建前」と「本音」の間には、驚くべき落差があることも理解しました。

しかし、文化はそれぞれに頑固です。日本の間接表現を理解したからと言って、決して好きになった訳ではなく、彼女はこの種の方便を終生使うことはありませんでした。

衛星放送が始まり、アメリカのＡＢＣ放送の討論番組を見られるようになって、白黒右左、賛否の意見に歯に衣着せぬディベートを聞いて「ああ、スッキリした」と言ったものです。登壇者は明確な自分の意見を持っているだけでなく、それを実に的確に短い言葉で表現する技に長けていました。

日本人との付き合いの中で、「もう少し分かるように言ったら」が感想だったのも分かるような気がします。論理を大事にしない、曖昧とぼかしの表現文化が最後まで嫌いなようでした。「察すること」は大事な能力ですが、他方、不確かで、主観的で、独りよがりにならざるを得ないところがあります。

それゆえ、省略やぼかしや象徴や比喩でできている「俳句」は、どんなに名訳をつけたとしても、「察し」を重視しない直接表現文化の人々に分かってもらうことはさぞ大変だろうと思います。

（＊1）コリン・ジョイス『「ニッポン社会」入門』谷岡健彦訳　ＮＨＫ出版　２００６年　p.211

(日本)		(アメリカ)
周りに配慮して意見を言うべき	⇕	**率直な意見表明は歓迎される**
意見を言わなくても意見はある	⇕	**言うべき意見がないから言わないのだ**
言外の言を察することが重要	⇕	**言外の言はあるが、言わなければ無視されて当然**

6　俳句がチャンピョンだね！

妻は一茶の俳句が好きでした。俳句が日本文化のチャンピョンだね！とも言っていました。一茶の句が表現する物語はアメリカ人にも分かる、というのが口癖でした。逆に、他の俳句は分からないだろうと言っていました。アメリカの大学で私も試してみました。「あなたのお国には俳句というのがあるそうですね」と聞かれたからです。ドナルドキーンさんやサイデンスティッカーさんの名訳を見つけて紹介しても、予想通り、大方の人はきょとんとしています。「なんじゃそれは！」としらけているのです。

だから説明したくないのです。「察する」ことを重んじない人々に17文字の表現を文学だと主張することは、ほとんど無理なのです。怪訝な顔をしているのはましな方で、笑ったりする奴がいると、説明したこっちが傷つきます。「表現されたもの」が「意味したこと」であるという文化の住人に、俳句は「察し」の要求が高すぎるのです。

「古い池に」「カエルが飛び込んで」「水音がして」「辺りの静寂がいっそう引き立つのです」、と言ってみた所で「それだけか？」、「それからどうなるの？」という顔をしています。

逆に、日本人には17文字を取り巻く膨大な言外の言が聞こえます。言わず語らずの情も想像できます。省略された情景の陰影を察することもできます。俳句には「言われなくても察する訓練」が生きているのです。かつて俳句を「第二芸術」（＊）と呼んで、一流の文学にはなれないだろうと指摘した桑原武夫氏の指摘は、直接的表現の文化を前提とすればその通りでしょう。しかし、桑原教授の予言は、間接表現を愛する日本人の句道実践の前にあえなく敗れ去ったのです。俳句文学の様式と内容は言語表現上の分析だけでは説明しきれないということです。サイデンスティッカー先生の名訳を見てさえも、困惑の表情を隠そうともしない優れたアメリカ人を何人も知っているだけに、明らかに日本人とは異なった17文字の読み方をする人々が存在することを疑うことはできないのです。

俳句は一七文字の背景に省略に省略を重ね、広く、深い言外の言を含み、論理を飛ばし、叙情を飛翔させ、ぎりぎりまで表現を切り詰めた文学です。いわば、間接的表現の極致です。したがって、俳句を愛するためには、表現を抑制する価値観を受け容れなければなりません。また、「言語表現の外にある世界を察知する感受性を身につけなければなりません。

要するに、日本人のように間接的な表現を愛することが必要なのです。

それゆえ、俳句は優れたアメリカ人に分からなくても、優れた日本の中学生には分かるのです。俳句は日本文化の刻印を色濃く押されているのです。それゆえ、日本文化が世界のメインストリームにならない以上、俳句が世界の文学になることは難しいのです。直接的表現文化の世界に住んでいる人々に、十七文字に書かれていない背景の世界まで推察して読んで下さいというのは無い物ねだりということでしょう。

そして、俳句が世界の文学になり得ないように、日本人のコミュニケーション法も世界に通用するコミュニケーションにはならないということです。国際化の時代は日本人に新しい試練を課しているのです。

（＊）桑原武夫「第二芸術論―現代俳句について」『世界』昭和21年11月号

（日本）		（アメリカ）
俳句は省略文学のチャンピョン	⇕	省略し過ぎた言語は意味を為さない
17文字の背景まで察している	⇕	17文字では叙述も理解もできない
俳句は間接表現の極致	⇕	間接表現を愛さない人々に俳句は分からない
日本文化が世界の文化にならない限り 俳句は世界の文学にはならない	⇕	日本型コミュニケーションは 世界のコミュニケーション法にはなれない

7 「なぜきちんと頼まないの？」（妻）「なんで気を利かさないの！」（私）

日本の結婚式や葬式の挨拶は「省略」と「察し」でできています。式典の性格にそった衣服さえ整えていけば、後は、丁重なおじぎをして、口の中で「ムニョ、ムニョ」と言えばいいのです。相手の耳には「本日はまことにどうも……」と聞こえているはずです。結婚式はにこにこと、お葬式は荘厳な顔を作ればいいのです。受付に坐ってくれている相手の返事も、多くは「ムニョ、ムニョ」で、当方の耳には「お忙しいところをわざわざどうも……」と聞こえます。こういう場合を典型として、日本人の挨拶や口上は全部を言わなくても、「察し」の文法があるので、十分相手に伝わるのです。妻はこれを不思議として、覚えたての日本語を駆使して「本日は……」と試してみて、何ごともなく通じたのを実に楽しんでいました。口上をくどくどと最後まで全部言うことの方が「無粋」で、「迷惑」なのだよと言ったものでした。会食の前、「乾杯のご発声」を頼まれた偉い人が、参会者にグラスを持たせて5分もしゃべるのは無粋で間抜けの極みなのです。金田一晴彦氏の「日本人の言語表現」という名著は、「言うな、語るな」、「つとめて短く」という目次で始まります（＊1）。我が感想も間違ってはいないと思った次第です。

しかし、国際結婚では、省略の文化は時に夫と妻の意志がすれ違います。結婚したての頃、ある急ぎの手紙を書きました。切手まで貼って、居間のテーブルの上に準備して、明日の朝は投函するぞと思っていました。しかし、当日、なにを慌てたのか、肝心の手紙を持たずに家を飛び出したことがありました。手紙を書いていたことは妻も知っていたことなので、忘れたことに気付けば、きっと気を利かせて出しておいてくれるだろうと期待しました。ところが帰宅してみたら、手紙は元のところにありました。

疲れていたこともあって、「何でそんなに鈍いんだ」というようなことを口走ったのです。「気働き」とか、「気が利く」ということは日本文化の要求するところです。

妻が怒って大げんかになりました。「もちろん気がついたわよ、そんなに大事ならなぜ普段からきちんと言わないの！」。「分かるに決まっているでしょう！ばかにしないで！」。「いつも言葉や態度で表現して！」と頼んでいるでしょう、と妻は言いました。思い起こせば、電話を切る時の「I love you, too」から始まって、愛情や意志はきちんと表現してこそ「愛情」や「意志」になる、と何度も頼まれていました。それをしないのは「愛情がないからだ」とも言われていました。私はひたすら「言わなくても分かるだろう」と言ってきたのです。「分からない」のは「あなたが鈍いからだ」は明らかに暴言でした。そのくらいは分かるのが当然だからです。分かっても、妻は「手続き」を選択したということでしょう。

アメリカで仕事をしていたある日本人から聞いた話です。仕事の終わらない同僚に、気を利かしたつもりで手伝おうとしたそうです。すると、「私ができないとでも思っているの」と言われたそうです。「余計なお世話」は越権行為なのです。

「気を利かす」、「察する」、「気を回す」、「頼まれなくてもやる」などの「気働き」は、日本の文化です。事前に「きちんと言う」、「相手の気持ちを確かめる」、「了解を取る」、「態度を表明する」は、アメリカの文化です。「頼まれてもいない」のに、気を利かせたつもりでやれば、「余計なお世話」になります。私の不用意な一言で、アメリカ文化と日本文化の衝突になりました。

直接表現文化では、「ものを頼む」ことは、礼節上の重要な「手続き」なのです。頼まれもしないのに勝手にする方が失礼に当たることがあるのです。日本人は、言わなくても察してもらえることが嬉しいので、「言われなくてもする」という訓練を受けています。私もそうでしたから、日常の配慮をわざわざ言葉にして「頼む」という手続きは取ったことがほとんどありません。

日本文化における「言外の言」の重要性を指摘したのは、イザヤ・ベンダサン（＊2）ですが、「何も言わなくても、分かれ」というのは、別の文化に取っては、時に過剰な要求なのです。省略やぼかしを多用する日本人のコミュニケーションは、常に、相手の「察する能力」次第で変わります。日本文化の表現は、言語上・表現上で、不十分・不完全なものである危険性が高いのです。

筆者の心配もまた、「余計なお世話」なのでしょうが、私は日本の外交交渉を心配しています。もちろん、外交官は優秀な人たちですから、優秀な分、日本文化のしつけと教育を強く受けていることでしょう。それゆえ彼らもまた、「省略」と「ぼかし」を尊ぶ間接表現文化の住人のはずです。「言わなくても分かるだろう」という彼らの文化常識と表現技術で、アメリカなど直接表現文化の国々との国益に関する外交交渉で、十分渡り合えるだろうか、と思うことがあります。「遠回し」が礼儀正しく、「控えめのぼかし」が奥ゆかしいとされる日本文化は、言語表現上の論理性とストレートな雄弁術を犠牲にせざるを得ません。果たして、彼らは直接表現文化の国々を相手にした時、外交交渉のディベートやレトリックで勝てるでしょうか？

（＊1）金田一春彦『日本人の言語表現』講談社現代新書　1975年
（＊2）イザヤ・ベンダサン『日本人とユダヤ人』角川文庫　昭和46年　p.113〜128

（日本）		（アメリカ）
分かったら気を利かせて実行する	⇕	分かっていても相手の了解が前提
言葉にしないことがうれしい	⇕	言葉にしないことは失礼
言外の言を読んでくれることを期待して省略する	⇕	言外の言が読めても省略しない

8　「『根回し』って変でない？」（妻）「変でも日本人には必要なんだよ」（私）

アメリカ文化にとって「根回し」は、情報の事前漏洩とスレスレです。「内々の打診」は、打診されない人に取っては「インチキ」です。「会議で決める前に何であの人にだけ話すの」ということになります。しかし、日本では会議だけで決めても実行できないことが多いのです。女性や青年など民間の団体をまとめている人々が一様に嘆くのは、「賛成してくれた」のに「実行には協力してくれない」ということです。原因は、日本人の表現慣習にあります。多くの人が正規の会議では本音や個人的な意見は出さないということです。だからインフォーマルな2次会も3次会も必要になり、時には一緒にお酒など飲んで、気心を知り合った上で、事前の根回しが必要になります。

妻はいつも「それって変でない？」「何のための会議なの？」と言ったものでした。私は、しどろもどろに日本人は本当の気持ちは中々言わないんだよ、というのが精一杯でした。

今になって分かります。日本人の賛成は「あなた方がやることには賛成です」という意味なのです。しかし、「自分が主体的に参加してやる」とまでは言っていないのです。総論は賛成でも、自分の本音は表立っては言いません。「かど」が立つからです。

この種の賛成には重要な「言外の言」が隠されています。形式的に「賛成」した人は、「みんなが張り切ってやろうとしていることに水を差すことはない」と考え、「決して悪いことではない」と思っています。しかし、同時に「私自身は興味もやる気も起こらない」と感じているのでしょう。

換言すれば、総論は賛成だが、自分が巻き込まれることには反対ということになるのです。それゆえ、賛成の手の数だけを数えて「事」を始めたら、実行部隊が集まらないということになります。だから日本のリーダーは、会議に諮る前の「根回し」と「内々の打診」

に全力を上げるのです。

かくして、情報の事前漏洩も時には裏取引も、日本社会が必要とするコストなのです。アメリカ人に取っては、アンフェアで、うさんくさい話だと思いますが、小学校の教室のように「自分の考えはきちんと言いましょう」という具合にはいかないのです。

(日本)		(アメリカ)
会議で本音は出ない	⇕	会議で本音を言う
根回し、内々の打診が不可欠	⇕	事前情報の漏洩はルール違反
総論賛成、各論反対	⇕	だったら最初からそう言えばいい

9　「ちゃんと言わないのは、卑怯よ！」（妻）「無視がいじめの始まりだよ」（私）

多くの日本人はスピーチが苦手で、また下手ですね。政治家のように言論をもって立つ人々でさえも、外国の政治家の雄弁には遠く及びません。論理を大事にしないので、言ってることの意味がはっきりしないことも多く、感情を表に出さないように訓練されているので、説得力も、パンチも足りません。

論理的な受け答えや説明が上手にできないのに、政治家になれるというのも、考えてみれば不思議な文化です。日本人は雄弁より訥弁の方が信用できて、好きなのでしょう。表現を抑制する慣習は、日本文化の訓練の結果だと考えることができます。

逆に、アメリカ文化において、政治家から雄弁を取ったら何も残らないでしょう。「ぼそぼそ」でも政治家になれる日本とは対照的です。日本では、「弁の立つ人」は、「軽く」見られたり、「信用されない」こともあります。日本文化において、雄弁は政治家の評価にあまり関係ないということは、日本型コミュニケーションは言語表現上の論理と技術をあまり重視しないということを意味します。

一方、「意見を言わないこと」は「意見を持ってないこと」であるとする文化では、訥弁は「みっともない」ことになります。アメリカ文化では、「言葉で言えない」こと、「意思表示ができない」ことは「愚図」で、「中身がない」ことと同じです。妻は「グズ」が嫌いでした。子どもたちも「はっきり言いなさい」、「ちゃんと言葉で言いなさい」とよく叱られていました。

それゆえ、後日、思春期に入った息子は、反抗の手段に「別にぃー」を連発して、妻を苛立たせることを良く知っていました。妻にとって、息子の一日の報告が何もないなどということは耐えられないことであり、子ども達が何一つ言葉で報告しようとしない態度は、親を認めない許し難い侮辱だったようです。それは意図的なコミュニケーションの拒否になるからです。

私は、「言わないこと」であなたに反抗しているのだよ、と説明しましたが、ますます怒り狂うのが常でした。妻には、「不満」があるのなら言えばいい、「無視は卑怯」だという論理と感情があったと思います。相手をコミュニケーションの土俵に入れないということは、現代の子どもが「しかとする」というようないじめの態度と同じです。「表現しないこと」で「表現する」というのは、良きにつけ、悪しきにつけ、日本文化の特徴なのでしょう。日本画の「余白」のような機能を持っているのだと思います。

例が飛躍しますが、優れた古代史研究者の古田武彦氏（＊）が妻と同じような感想を書いておられることに気付きました。古田氏は既存の古代史研究を批判した自分の所論になぜ学会等の研究者は正面から反論せずに無視するのかと何度も嘆いていらっしゃいます。日本人の研究者は、古田氏の所論に対して、反抗期の息子と同じように、「別にぃー」と言っているのです。「あなたには関心がありません」ということを「何も言わないこと＝表現しない」ことで「表現している」のです。

要するに、「反論できない」か、あるいは「あなたとは付き合いたくない」という意味なのです。わが妻が「反抗心」を「言葉にしない」息子を「卑怯」と断じたように、アメリカの研究者であれば、学問上の批判をされて反論しないことは「卑怯」と感じ、大いに恥とするところだと思います。論理的批判に対して、論理をもって応えないということは、学問の自殺です。それが分かっていて「無視する」のは更に卑怯です。いじめに限らず、いじめの証拠を残さない「無視」という方法で仲間はずれにすることは、最悪のいじめです。「無視」することによって「お前のことは嫌いだ」と表現するコミュニケーションのあり方は、「控えめ」や「表現の抑制」を重視する日本文化の恥部とでも言うべき特性でしょう。

（＊）古田武彦　古代史研究者『邪馬台国はなかった』『失われた九州王朝』『盗まれた神話』（いずれも角川文庫）等の優れた著書がある。

（日本）		（アメリカ）
言葉も大事、言葉以外のコミュニケーションも大事	⟷	言葉が最も大事
沈黙は金	⟷	雄弁は金
「沈黙」、「無視」というコミュニケーションを多用する	⟷	好きも嫌いも言葉で言う

10 「言わない方が悪いんですよ!!」(妻)「言わない方がいいんだよ!!」(私)

妻は「言わない方が悪い」と言い、私は「言わない方がいい場合もある」と言ってよくすれ違いました。「あの人は言わなくても分かってくれる」というのが、日本社会の最高の人間関係です。「ツーカー」の仲ということです。聞き手の感受性に全幅の信頼を置いているということです。全部を言わない文化のコミュニケーションの成否は相手の感受性に依存しているのです。私たちは子どもの頃から、「いちいち言わなくても分かるでしょ」とか、「何回言ったら分かるの」と叱られたものです。「状況から分かりなさい」という訓練です。組織の中では「空気を読め」と言われます。

間接表現の文化では、話す時の「伝達能力」と聞く時の「察する能力」はほぼ同等に重要なのです。

「余計なことは言うな」とか「そんなことは聞くものではない」とか「いやーね、ずけずけ言って」という教えは、「表現の抑制」を教えています。

話し手にとっては「言わずもがな」のことがあり、聞き手にとっては「聞かずもがな」

のことがあるからです。正しくても言ってはならぬことがあり、本当だからこそ黙っている方がいいこともあります。表現の抑制とは多くの場合、表現にブレーキをかけろという意味です。それゆえ、ブレーキのかかっている表現は概ね「善」です。他方、自由で、率直で、具体的で開けっぴろげな表現は概ね「悪」になります。

それゆえ、多くの日本人は省略やぼかしや遠回しを使い、われわれのコミュニケーションは、多様な解釈が成り立つ「曖昧」なものになります。「いいですね」、「結構ですね」、「考えておきます」などは字面だけでは本当の意味が分かりません。それを読み解くのが聞き手の感受性です。そんなまだるっこしいことをせず、なぜはっきり言わないのという批判は当たっているのですが、「はっきり言わない方が美しい」というのが日本文化です。

（日本）		（アメリカ）
言葉は多様に解釈できる	⇕	**曖昧な表現は好ましくない**
言葉にしなくても、いろいろ伝えようとしている	⇕	**言葉で伝えるのが原則である**
優雅な間接表現は「美しい」	⇕	**雄弁で論理的な直接表現を尊ぶ**

11　やがて妻は自分の意見を言わなくなりました。そして、亭主にも意見を言わせないようになりました。

妻は日本文化のしっぺ返しを通して、「もの言えば唇寒し」を学びました。大勢に反する意見を言った場合、碌なことはなく、返って人間関係がまずくなった経験を積んだからです。亭主の私がはっきりものを言った場合のしっぺ返しも彼女にくるようになり、「あなたもいろいろ言わないで」というように、私の発言を止める側に回りました。

私は、逆に、アメリカ文化や彼女の影響を受けて、はっきりものを言うようになりました。ところが彼女は日本の生活の洗礼を受けて、だんだん意見を言わなくなりました。日本に長く暮らした分、彼女が受けた影響の方が格段に大きかったと思います。妻は急速にぼかしや省略の意味が分かるようになっていき、発言をしなくなり、社交の明るさも徐々に失いました。アメリカへ帰国して、「放たれし女のごとく振る舞う（啄木）」彼女を見るとそのことがよく分かります。

「お返し」や季節ごとの儀礼にも「習熟」していきます。経験と訓練の賜物です。明快に表現することを尊ぶアメリカ人の彼女が、時に、日本風の暗黙の表現を使うたびに知人達は感動して、「日本人より日本人らしい」などと褒めて下さいました。果たして、彼女にとって「褒め言葉」だったか、否かは今となっては分かりません。

犬達がお世話になった方々へのお礼にお中元を贈るとき、彼女の提案で送り主を犬たちの名にしました。デパートの受付嬢が笑い、受け取った方も笑いました。直接表現文化では犬も意思表示をするのです、という精一杯の皮肉を込めたのかも知れません。長い日本の暮らしの中で、彼女は問われるまで自分の意見はいわないという「戦略」を学びました。挨拶も前口上も言わず、私の傍らでただ深々とお辞儀だけをする「戦略」も学びました。ここでも、あなたの奥様は日本人より日本人らしい、とよく褒められるようになりました。「褒めていたぞ」と彼女にいうと、テレビで見る「皇后陛下」の真似をしているだけだと言いました。納得ですね。そこにこそ文化が要求する最高の様式美があるはずですから、モデルの選定は間違っていなかったでしょう。立ち居振る舞いやコミュニケーションの作法は文化の訓練の賜物です。若い世代に鈍くて、がさつな「落ちこぼれ」が相対的に多いのは、国際化の影響と間接表現文化の訓練の度が浅いということでしょう。「マジ！」、「すげぇ！」、「ありえねぇ！」などと叫ぶ女の子はそもそも従来の日本の表現文化には「あり得ない」のです。

（日本）
文化のルールが分かってくれれば発言を控える日本
人の表現能力は訓練次第である
立ち居振る舞いが表現する

↕

（アメリカ）
論理的で、説得力のある発言こそ価値である
アメリカも同じ
立ち居振る舞いに必ず言語が付随する

12 「秘すれば花」（世阿弥）

日本人のぼかした間接表現を成り立たせているのは「察し」の能力である、と喝破したのは会田雄次氏です（＊1）。また、「秘すれば花、秘せずんば花ならざるなり」と言ったのは世阿弥です（＊2）。谷崎潤一郎は「陰翳礼讃」と言いました（＊3）。日本人の表現は全部をあからさまに白日の下に出したのでは美しくなくなるというのです。だから「背景を想像する」「状況を判断する」「空気をよむ」「言われたことの裏を読む」「気を利かせる」「行間を読む」ことなどが必要になり「察する」能力が不可欠なのです。

察しの能力は、日本型コミュニケーションを成り立たせる感受性と言い換えてもいいでしょう。「鈍いなあ」と言われるのが日本人にとって、最大の文化的侮辱です。英語では「Don't you get it?」（わかんないの！）と面と向かって言われるのに似ています。言葉

の端々やちょっとした仕草から、相手の意図を理解する能力が「察し」です。何も言わずに丁重に「頭を下げる」のは、周囲への敬意と服従を表します。慇懃無礼は丁寧な侮辱です。謙譲の美徳は、相手を立てて、自分が「へりくだる」コミュニケーションの技術です。省略やぼかしを理解するのは、背景を推察するコミュニケーションのパズルに当たるでしょう。ではそもそもなぜ、「察し」が要求されるようになったのでしょう。日本人のコミュニケーションの背景には、察しを必要とした表現の「美学」や「道徳律」が存在しているのです。それが「言わぬが花」、「言わずもがな」、「聞かずもがな」の価値観です。

（＊1）会田雄次『日本人の意識構造』講談社現代新書　昭和47年　p.90〜110
（＊2）世阿弥『風姿花伝』岩波文庫　昭和33年　p.103
（＊3）谷崎潤一郎『陰翳礼讃』『経済往来』昭和8年12月号・9年1月号

13　補考：国際化に対処するためには表現の「ダブルスタンダード」を使い分けるしかない

（1）一時的に日本人を止める

アメリカで快適に仕事をするためには、一時的に日本人を止める事が重要です。アメリカ生活において「郷に入っては郷に従え」とはそういうことです。とりわけ日本で受けた表現のしつけを捨てなければ、アメリカ人と交わり、楽しく暮らすことは難しいでしょう。「あいまいに相づちを打ったり」、「照れ隠しに笑う」ことは禁物です。英語が分からないのに分かった振りも禁物です。「結構です」などという曖昧語も禁止です。「知るを知るとなし、知らざるを知らずとなす。これ知るなり」（論語／孔子）に倣って言えば「好きを好きとなし、好かざるを好かざるとなす。これアメリカ流礼節なり」ということです。

賛成にも反対にもイエス、ノーをはっきり言って、その理由を端的に説明できることが肝要です。自己紹介も遠慮やへりくだりを止めて、自分が一生懸命やってきたことを熱っぽく語ることが好感を呼びます。「控えめ」が美しい日本に対し、「率直であること」、「外交的であること（Outgoingness）」が人付き合いの条件になるアメリカです。意見を言わなければ「意見がない」と解釈され、発言しなければ「発言すべきものがない」と思われかねないアメリカです。同僚との会話もポンポンとピンポンのように明るく弾んでやり返すことが肝要で、事は語学力の問題以上に愛嬌や機転（ウイット）の問題です。多くの日本人には適応のための意識的自己トレーニングが必要になるでしょう。「無駄口は慎め」、と教えられてきた日本人が日々の軽い会話のキャッチボールを楽しめないのは想像に余りあります。しかし、「立ち話型」の「カクテル・パーティー」でアメリカ流表現文化に慣れない限りアメリカ生活をエンジョイすることは難しいだろうと思います。

日本からの留学生や研究者がアメリカの同僚と会話も交わさず、隣近所のアメリカ市民と社交も楽しまず、ひたすら図書館にこもるのは、多くの場合、「真面目」なのではなく、アメリカ文化から「逃避」しているのです。逃避の主要原因はアメリカ流コミュニケーションができないということでしょう。

アメリカの学生達は講義の途中でもためらわず私の話を中断し、質問を投げかけ、意見を言います。よくぞ聞いてくれたとばかりに「Good Question!」、「いいところを突いている」とか「面白い見方だ」などとコメントを入れて、喜んで応えなければ「いい先生」「フレンドリーな先生」「学識ある先生」にはなれません。質問も意見も、「真面目に聞いています」、「予習もしてきました」という学生たちのアピールの一種なのです。教師の側もそれに呼応して「質問できるのは考えているからだ」、「意見が言えることは勉強してきたからだ」と認めてやるのが会話と交流のキャッチボールです。もちろん、アメリカの大学では、教室のディスカッションに参加することは学生評価の対象になります。「通夜」のような日本の教室とは大違いなのです。

(2) サバイバルのためには「直接表現」を使う

筆者が体験したアメリカでの学生生活や教員としての体験は「直接表現文化」の洗礼でした。直接表現を学ばない限り、アメリカでの生活は不幸を招きます。直接表現能力はアメリカ生活のサバイバル能力なのです。

直接表現の文化は、文字通り表現の直接性を尊びます。率直な表現、正確な表現、論理的で華麗な表現が歓迎されます。この文化においては、個人の自己主張・自己表現は、ほとんど大部分「正当」であり、「表現すること」は原則的に「善」であると受け取られます。自己を主張し、議論を戦わすことは基本的に「善」なのです。それゆえ、人々はためらわずに意見をいい、率直に要望を主張します。質問する学生は概ね優秀であり、教授に論理的な議論を挑む学生も大いに評価されます。男女の区別は基本的にありません。「主張」

することが「推奨されている」以上、主張しないことは「主張すべきものをもたない」という意味になります。男も女も何にでも「自分の意見」をもつことを期待されています。「分からないこと」は分からないと言い、「欲しいもの」は欲しいと言い、「反対のもの」には率直に反対します。「表現」の意欲や形式が社交的な儀礼や表現文化の礼節規定によって制約されることはほとんどないのです。人々は、当然、自分を豊かに表現することにも、自分を明確に主張することにも工夫を凝らします。このことは日本の表現文化の価値観や美意識を捨てることを意味します。

一時的に、「日本人を止める」とはそういうことです。日本の文化が、相手の「察し」を前提とし、「分かってもらうこと」に高い価値を置くのと対照的に、アメリカでは「分からせること」が重要なのです。相手が察してくれるということを前提にすることはまずありません。

それゆえ、人々は論理と言い回しを工夫し、ディベートやスピーチの技術を磨き、自分の思いをどう伝えるかという「プレゼンテーション（提案・発表）」に心を砕くのです。

（3）わが妻は「放たれし女のごとく」

久々に妻を伴ってアメリカに帰ると、彼女の言葉や振る舞いが自信をもって生き生きと輝きます。「放たれし女のごとく、わが妻の振舞ふ日なり、ダリヤを見入る」（啄木）のように彼女に見入ったものでした。

知らない土地で新たに生活を始めるに際し、妻は鼻歌でも歌うように銀行口座を開くのでも、車を買うのでも、アパートを探すのでも、学校への転入手続きでも、あれよあれよという間にやってのけ、誠に頼もしいかぎりでした。

彼女も日本では「郷に従い」、控えめで、遠慮がちであることに努めていたことがよく分かります。日本文化は、表現の自己抑制を要求するのです。そして、それができる女(男)だけが、奥ゆかしいと評価されるのです。

日本を捨ててアメリカで暮らすようになった我が娘にも似たような現象が見られます。男性に比べて文化による表現の抑圧度の高い女性は特にそうなのでしょう。日本で自己抑制していた表現や思いがアメリカの直接表現文化に接することによって自由に解き放たれるのだと思います。当然、私も仕事を始める前には妻に倣って、アメリカ流表現の態度に「ギアチェンジ」します。一時的に日本人を止めるとはこのギアチェンジのことです。「ここはアメリカである」とおまじないのように唱えて、日々の挨拶、褒め言葉、意見表明、交渉ごとまで、日本にいる時は恐らく決してしないことや言わないことを実行します。

私は帰国後の「日本語」のことを考えて子ども達を毎土曜日に開講される日本人補習学校に入れていましたが、せっかく日本人を止めてアメリカを楽しんでいる子どもたちにとって週1回の「日本人同窓会」のようになる「補修授業」は余計なことだと感じていました。日本文化に引き戻されることのないよう、アメリカにいる間は基本的に日本人との付き合いも断ちました。

当然のことですが、多くの日本人が直接表現文化になじむことができません。たまに出る日本人との懇親の席で、配偶者がアメリカに馴染めず、途中で帰国したり、ご自分も全く楽しんでいない日本人に数多く会いました。彼らが「日本人会」や「日本村」に群れて「日本人をやっている」限り、アメリカ文化は「難行・苦行」の原因になります。アメリカ流の表現に馴染んで克服しない限り、アメリカでの勉学も仕事も花を咲かす機会はやってこないでしょう。どの国と付き合うかにもよりますが、国際化というのは表現や価値判断においてある程度日本の文化とその国の文化と二重の「基準」を使い分けることが必要になるのです。特に、アメリカ文化は直接表現の文化ですから、間接表現のしつけを受けて来た日本人はそのしつけ自体を一時棚上げにしないとアメリカ生活を楽しむことは難しいのです。特に、人々とのコミュニケーションにおいて、一時的にせよ、日本人を止めなければならないほどにアメリカ流と日本流のダブルスタンダードを使い分けなければならないのです。かねがね心配していることですが、「借りてきたネコ」のような人々をたくさん見て来ました。どの国が相手であるにせよ、日本人が日本流で行う外交交渉は大丈夫でしょうかね。

（4）「遠慮」の塊と「察し」の鈍

日本の文化は直接的表現を「悪」とし、「言外の言」を「察すること」を要求すると書いてきました。全部言わなくても分かってもらえることを理想とします。それゆえ、直接に指摘したり、敢えて全部を言うのは「無粋」、「図々しい」、「くどい」ということになるのです。それゆえ、「言わぬが花」、「聞かずもがな」という感性が生まれました。慎ましさや奥床しさの美徳は、「控えめ」と「遠慮」を条件とします。間接表現文化の中の「美しい人」は「秘すれば花」なのです。

相手の察する能力を前提とする間接表現は相手の感受性を勘案してこちらの言い方を工夫しなければなりません。

文化が「察し」を要求するとき、行き過ぎたトレーニングを受けた者は必要最低限以上のことは何も言えなくなり、ろくなトレーニングを受けなかった者は「察し」の能力が磨かれません。前者は育ちのいい多くの日本女性が代表で、遠慮の固まりになりかねません。反対に、後者は「察すること」の文化的トレーニングが不十分な若者などの「鈍感」に代表されます。要するに、間接表現の文化には、「遠慮の塊」と「察しの鈍」の両極端が生まれるのです。

表現の使い分けは「間接表現文化」が当面する一つの宿命です。子どもやしつけのいき届いていない若者に言う時には、言うべきことを言わなければ、何も進まず、何も決めることができません。アメリカ人などに対しても同じでしょう。相手によって表現の作法を使い分けることができなければ、少なくとも外国での教職や外交交渉は務まらないのです。

(5) 間接表現文化のトレーニング

「察し」の鈍い学生には「1から10まで説明しなければ分からんのか！」、「いちいち全部を言わせるな」、「みんなの動きを見ろ」、などと言って叱ります。彼らには「全部を言わないトレーニング」が必要なのです。

一方、「控えめ」の基準や「遠慮」の作法に囚われて身動きのできない学生もいます。彼らは文化のしつけが効き過ぎて表現上の不器用者になってしまったと考えることができます。そうした種類の学生にはこちらから近寄って声をかけ、相手の気持ちを楽にしてやることが必要になります。「何か分からないことがあるか」、「意見があるのかな」、「遠慮をしないで言ってみたら」、「よし、珈琲でも飲みながら聞こう」などと言って発言を促します。間接表現文化はほどほどに表現し、ほどほどに分かってもらうという「中道」をいくのです。

恋する人に自らの思いを短い歌に託すという表現文化は、象徴や暗喩を駆使し、「言いながらも全部は言っていない」という表現の「中道」を芸術にまで高めたということでしょう。

（6）女性の沈黙

日本の男女共同参画が進まないのは、男が女を抑圧する仕組みと女自身が自らを自己規制する文化特性という両面があります。第1は、男社会が女性を抑圧するということです。そもそも女性を「発言の場」に参加させなかったり、或いは直接的に「女は引っ込んでろ」、「女はだまってろ」と女性の発言を封じる場合がそれです。

政府は2030年までに女性の管理職を30％にすると言っていますが、「変わりたくない男」はそう簡単には変わりません。

これに対して第2の状況は、女性自身が日本文化の期待に応えて「控えめな女性」、「奥ゆかしい女性」、「遠慮がちな女性」、「従順な女性」を演じる時です。社会生活の表舞台に立つことの少なかった日本女性は男性に増して自己主張を控えざるを得なかったことは想像に難くありません。

もちろん、文化は、表現の価値や美意識を決定する「空気」であり、「作法」ですから、女性を縛ると同時に男性も縛ります。抑制の利いていない直接的表現は性別に関係なく、「美しくない」ものとして文化が禁止しているのです。日本人がアメリカ文化に適応することが難しいのはそのためです。

それゆえ、間接表現文化で育った者と直接表現文化で育った者が結婚し、一緒に暮らすことは最初は戸惑いが多いでしょう。しかし、双方に学ぶ気持ちさえあればギアチェンジをし、ダブルスタンダードを使い分けながら好き合った個人が歩み寄ることは十分可能なのです。

Ⅲ　「大人中心社会」の子育て⇔「子宝の風土」の子育て

―日米家庭教育戦争の社会学―

アメリカ人妻と暮らしてみると、子育て観にも日米両文化に歴然たる違いがあることがよく分かります。総論的に言えば、アメリカは大人中心の社会です。日々の暮らしも養育も、主導権は大人にあり、子どもは大人の都合で振り回されます。翻って、日本は「子宝」の国です。暮らしの中心に子どもがいます。子どもの都合に大人が合わせます。その結果、アメリカは、自分勝手な大人から子どもを守ることで頭を痛め、日本はわがまま勝手に育った子どもの指導で頭を痛めています。

どの文化においても、教育理論は、「子育て風土」の「欠陥」を補うために生み出されます。アメリカが子どもをもっと大事にという「児童中心主義」に傾き、日本が子どもをもっと鍛えなきゃという「可愛い子には旅」論に傾くのは当然なのです。

自分の家族を分析の素材として子育て比較文化論を書くことも、また、プライバシー保護と文化比較の間のきわどい綱渡りをしなければなりません。一方では、叙述をできるだけ具体的かつ写実的にしながら、他方では、家族の気持ちを配慮して子ども達が嫌がるだろうなと思うところはできるだけ抽象化しました。もちろん、子育て文化はアメリカ国内でも多様であろうと想定し、「妻のしつけ」と「日本の教育状況」を比較するに留めました。
以下は筆者の幼少年教育論の参考にしたアメリカ人妻との日米家庭教育実践の一端です。

1 Do as I say 言った通りにしなさい

子育ては記憶の中の親がモデルになることが多いですね。妻は自分の母がモデルで、私は父がモデルでした。妻は子ども思いで、献身的でしたが、同時に、クリスチャンとして自分の生き方を子どもに厳しく教えようとしました。彼女を育てた義母と全く同じ姿勢でした。二人とも子どもへの愛情と献身は見事でしたが、一方で、しつけと指導については完全な大人中心主義でした。また、他人の子育てについては、一切干渉はしませんでしたが、子どもの欲求に振り回される日本の子育てについては極めて厳しい意見を持っていました。

私は教育学者でしたが、原則として、子育ては妻の思うようにすればいいと思っていました。それが日本で暮らすことを選択した私の国際結婚上の妻への礼儀であると考えていました。義母も、妻も古き良き時代の日本の「父」のように形式と規範を重視し、子どもの気まま・自ままは一顧だにしませんでした。

日本の我が家では節約第一に暮らし、お金が貯まったら、英語やアメリカ文化に触れさせるため、母子ともに定期的にアメリカの祖母のところに行かせました。アメリカの滞在がどんなに短い期間でも、妻は子どもたちに有無を言わせず教会の日曜学校と礼拝に参加させ、祖母の仕事を手伝わせました。牧師さんの英語の説教が分かろうと分かるまいと、晴れ着を着て、近隣の信者に囲まれ、教会のベンチに行儀良く坐っていなければなりません。遊び盛りの子どもにはある種の難行だったと思いますが、子どもの選択は許されませんでした。妻には、キリスト教原理、労働の重視、コミュニティとの交流などを身につけさせるという目指すべき明確な「子ども像」がありました。妻の子ども像は義母の子ども像と重なっていました。明確で、具体的な子ども像が希薄になっている日本との最大の違いだったと思います。

義母は大恐慌時代に青春を過ごし、義務教育学校しか出ていませんでしたが、義父が早逝したあと、自らが経営者となって、荒くれのレーサー達を督励し、6人の子どもとその配偶者たちを指揮して、ストックカーのオート・レース場を経営していました。レースの当日には、すべての子どもと孫たちが総動員され、ゴミ拾いからビラ配りまで、チケット販売から売り上げ金の勘定まで、できる範囲の役割を分担します。彼らに取って祖母を助けて、レース場の任務に付くことは、有無を言わせぬ不文律の義務でした。義母の口癖は、「Do as I say」（言った通りにしなさい！）でした。一日の仕事が終わると、それぞれの働きに応じて当日の「駄賃」を与えます。ドルの札束を握って、整列した孫たちひとり一人の顔を見て言葉をかけながら何枚かのドル札を手渡していく祖母の姿は「貫禄」でした。固唾をのんで順番を待っている孫たちにとっては「緊張」と「興奮」の時間であったと思います。祖母からもらう金は「賃金」であり、「やさしいねぎらいの言葉」ではなく、「督励」と「社会的承認の言葉」だったと思います。だから、もらった金は「お小遣いやご褒美」ではなく、それぞれが「獲得」した「賞金」だと思っていたことでしょう。義母は一連の稼業の手伝いを通して、金の価値を教え、仕事の責任を教え、リーダーへの服従と労働の義務を教えていたのだと思います。

我が妻も、妻の姉妹たちも、義母から「賃金」をもらって、彼女の指揮の下で働きました。大学教育を受けた娘たちもその婿たちも、何一つ不満を言わず、整然と義母の指揮に従っていました。

居候で日本人の私だけが、義母の事業に参加することなく、端から観察していました。義母は圧倒的な支配力で、一族の子どもたちや孫たちに君臨し、まさしく「家父長制」時代の父のようでした。妻の子育てモデルは疑いなく義母でした。親が責任を持ち、親が指示し、子どもは従うべきであるというアメリカの労働者階級の教育思想です。二人の発想は、ルソー↓フレーベル↓エレン・ケイ↓ジョン・デューイと続く欧米教育思想が築き上げた「児童中心主義」とは全く無縁でした。日本でもてはやされたスポック博士の育児書も全く無縁でした。本稿で比較に用いた日本の教育状況は、筆者の社会教育経験から見た分析です。

（妻）		（日本）
明確な子ども像を持っている	⇕	もはや子ども像は明確ではない
親の指導が圧倒的	⇕	家庭教育に自信がなく、保育・教育機関への依存度が大きい
自国の教育理論は関係していない	⇕	学校と学校を経由した欧米教育論の影響が大きい
労働と教会を通して教える	⇕	子どもの労働は消滅し、教会は存在しないに等しい
家の手伝いは絶対的義務	⇕	家の手伝いより勉強、という思想が保護者を覆っている。

2 「厳しい母」と「甘い父」

幼少期から子どもたちは私に懐きました。「甘い父」は彼らの「逃げ場」だったのでしょう。「苦」よりは「楽」が好きで、「厳しい」より「やさしい」方に引かれるのは人間の自然です。フロイドが「快楽原則」と呼んだ人間の特性です。子どもたちは、母を尊敬し、母が好きだったとしても、時に「厳しいしつけ」を逃げ出して、「甘い父」のもとに避難します。私に懐いたというのは、そういうことだったと思います。子どもたちは「甘い父」は状況主義者で、時には、母の厳しいしつけの原則に目をつぶって、例外を認めることを知っていました。

小さい日本の住宅でしたが、妻は2段ベッドを買って、乳児の時代から子どもは親から離して寝せました。テレビも、就寝時間も、日常の生活ルールは妻が決め、確実に実行されました。しかし、子どもは機械ではないので時々反抗し、脱線したがります。例外を認めて欲しいと懇願するのです。しかし、妻は原則を変えません。そういう時、子どもたちは一斉に私を見ます。私は、90％は「お母さんの言う通りにしなさい」というのですが、10％は「まあ、今日ぐらいはいいでないか」と言います。すると間違いなく、「しつけを壊して、子どもを駄目にしないで！」と妻の怒りが飛んできます。異を唱えれば、日米家庭教育戦争が始まるし、「妻に任せる」と決めていたので私が引き下がります。子どもたちは怒鳴られている父を見てすごすごと引き上げていくのが常でした。「しつけ」の原則上、妻が正しいことは分かっているので、私も「一呼吸」入れただけで、それ以上の抵抗はしません。

しかし、私は、性懲りもなく、例外なしのルールでは、「子どもは息が詰まってしまうよ」と教育の「さじかげん」論を繰り返します。しかし、妻の原理主義は変わりませんでした。妻の子育ての基本は、完全な「父性原理」です。規範を前面に出した親主導・大人中心の子育てです。それゆえ、私は意図的に規範よりは愛情を優先した「母の役割」を演じようとしました。結果的に、叱られ役に甘んじました。

（妻）		（日本）
指導者像は明確	⇕	指導と保護が混乱し、過保護と放任が同時存在している
意識における強烈な親の責任感	⇕	「父性原理」は薄れ、「父」は不在であり、母は「母原病」と言われるほどに甘い
圧倒的に親主導の子育て	⇕	家庭は子ども本位、学校は児童中心主義

3　暮らしの中では、子どもも役割を分担し、自分のことは自分でしなさい！

掃除、皿洗い、洗濯後の衣服の整理などの家事手伝いは妻が与えた義務でした。妻のルールは絶対で、99％子どもは母の指示に従っていました。１％を破ったのはいつも私でした。私は教育学者ですが、妻の厳しさに半ば呆れ、半ば感心して、これが「アメリカ流」かと、日々の子育てを観察しました。妻の家庭教育は、「親主導」「ルール先行」です。幼い子どもには、訳が分かっても分からなくても、親が決めたことを守らせます。食前の英語のお祈り、食後のあいさつ、就寝前のあいさつ、日常の言葉使い、衣服の着脱、上記の家事手伝い、テレビ視聴などすべて命令通り、指示通りにさせます。

日本で暮らしている間、家庭内では、必ず母には英語を使うことも命令でした。原則は厳しく守られ、妻のお陰で子どもたちは、日本語にも英語にも通じたバイリンガルの２刀流に育ちました。

妻のしつけは、日本でいう基本的生活習慣の「型」を教えている訳です。もちろん、私に異議はありませんでした。だから、何も言わずに妻の思うようにしてもらっていました。

妻のしつけにおいて、子どもは大人より「身分」が低いのです。食い物も時に、私に特別待遇でした。子どもが欲しがるときは、「お父さんにお願いしなさい」ということでした。明らかに父は子どもより「偉い」のです。経済学者の本を読んでいたら、「規律の喪失」は「豊かさの裏側」であるという指摘がでてきました。バブルは「無規律の象徴」でもあるとありました（＊）。この何十年の日本の教育は正にその通りでした。質素第一に暮らした妻はこの経済学者のように感じていたのだと思います。我が家に「規制緩和」はありませんでした。

子どもにとっては、夕食後の楽しい時間を中断したくない時も、一人で眠るのが寂しい時もあるのでしょう。大人主導の暮らしは息が詰まることもあるのだと思います。だから時々お伺いを立てて、今日は一緒に寝てもいいか、と妻に聞きます。

答はいつも「ＮＯ！」です。覚えている限り、例外はありませんでした。親離れの原則、子どもの自立の訓練は幼少期から始めるということなのでしょう。子どもたちは私の顔を見て、目で哀願します。「じゃ、しばらく付き合うか」規制を緩和し、例外を作ろうとするのはいつも私の方でした。私には子ども時代の「川の字」の甘い、懐かしい記憶があります。だからたまにはいいじゃないか、と子ども可愛さの情が優先します。詰まらなそうな顔を見るのが不憫でもありました。だから、「今夜ぐらい例外にしても……」と思うのです。

しかし、「今日は一緒に寝てもいい」などと言ったら、妻のしつけを否定することになるので大変です。日米の家庭内教育戦争を避けるため、子どもの意を汲んでやろうという時でも、妻の原則を破ることなく、私が子ども部屋に付き合います。狭い階段ベッドに潜り込んで、暫くの間だけ、一緒に遊んだり、本を読んでやるのが常でした。皿洗いも免除はしませんでしたが、一緒に洗ってやることはありました。

妻は我が行動を否定はしませんでしたが、「チッチッ」と舌を鳴らして「甘い！」と叫んだものでした。折角苦労して続けている「習慣付け」を余計なことをして崩すなということです。

ある冬の寒い夜明け、顔に風がくるようで目が覚めたことがありました。1歳の息子が枕元に坐って、私の顔に息を吹きかけていたのです。ガタガタ震えていました。長い間枕元に坐っていたのでしょう。身体は凍えて冷たくなっていました。普段の禁止があるので、父を起こすことはできなかったのでしょう。遠慮して待っていたのですが、鈍いおやじは目を覚ましません。耐え難くなって、顔にそっと息を吹きかけて見たということです。厳しい母が横に寝ているので声を出すことも、揺することもできなかったのでしょう。母のしつけは「忍法金縛り」のようなものだったのです。以来、父の「甘さ」を見抜いた息子は、月に1〜2度夜明けになると我が布団にくるようになり、その度に私が妻に叱られ、詫びを入れて取りなすことを繰り返しました。我が家には、原則、親子の「川の字」は存在しませんでした。

（＊）飯田経夫『日本の反省』ＰＨＰ新書　１９９６年　p.22

（妻）		（日本）
親の意志が100％優先	⇕	子どもの意志を優先させることが多い
ルールの例外は極めて少ない	⇕	子どもに甘く、例外が多い
子育ての基本は自立と習慣付け	⇕	原則は同じでも徹底度が大きく異なる

4　「約束したでしょう！」

妻の子どもたちへの口癖は、「約束したでしょう！」でした。厳しい母親ぶりでした。だから時々、子どもに甘い私とぶつかり、彼女の「ルール主義」は、自我が目覚めた後の子どももぶつかりました。

教育学では規範のしつけは「父性原理」と言って、通常は、社会で働く父親が代表する役割ですが、我が家では母親が社会規範を代表していました。彼女の子育ては、圧倒的に「親主導」の子育てです。大人中心の契約社会で育った女性の面目躍如たるところだったと思います。反面、筆者は彼女に比べれば、「甘い父」でした。教育学的観点から、90％は彼女と同意見でしたが、残りの10％は、状況次第で子どもの欲求」や「親の情」を優先させる「ほどほどのさじ加減主義」でした。日常生活上の約束を守らなかったり、親に無礼な口をきいたりした時には、わが子は尻を叩かれ、外出を禁止され「飯抜き」で罰せられます。子どもは子ども部屋に追いやられて、母の許しが出るまで居間に出てくることも許されません。日本語では「謹慎」、英語では「grounded」と言います。当時ですら、「謹慎」などという日本語は、日本の家庭ではとうの昔に死語になっていたことでしょう。

叱られた「罰」は当然だとしても、「飯抜き」は不憫だろうと思うのはいつも私の方でした。だから、見るに見かねて、こっそり握り飯の差し入れを持って行ってやるのも私でした。「私のしつけを駄目にする気ですか」とよく怒鳴られたものです。「今が良くても、後が駄目になります」が彼女の論理でした。

「先のことまでは断定できないよ」などと、私がうっかり教育学上の理屈を説明しようとするものなら、大げんかになりました。彼女は子ども第一主義で、そのしつけに親の判断を最優先させて賭けている訳ですから、研究者のいうことなど歯牙にもかけません。母の決めたルールに従うことは子どもの将来のためであり、絶対なのです。しかも、彼女は外国人の母として、異国で子育てをしているのです。その気迫がにじみ出ていました。確かに子どもは約束させられ、父親の私も立ち会って承知している約束ですから、論理上は彼女に分があります。彼女は義母から受け継いだ大人中心の子育て文化を、「国際結婚の母」として自分の子育て論に翻訳し、一歩も引きませんでした。彼女の発想には、アメリカの教育の神様ジョン・デューイも、聖書に次いで売れたというスポック博士の育児書も存在しませんでした。子どもが規範を逸脱するのは、すべて親の責任だと信じていたはずです。それゆえ、青少年の犯罪には親を罰するべきだとも信じていたに違いありません。それほどの剣幕でした。

（妻）
子どもでも約束は約束、道徳上の義務を負う
幼少年期の子どもの不始末は親の責任
子どもも親も罰するべき！

↕

（日本）
「未だ子どもだから」、約束や契約は道徳上の意味を持たない
子どもの非行の責任は分散して曖昧
子どもには教育的配慮を！

5 「別にぃー」とはぐらかす息子、「きちんと言いなさい」と怒る妻

妻の試練は、子どもの思春期に始まりました。子どもが素直に言うことを聞かなかった時、私は、「未だ子どもなんだから理屈通りにはいかない時もあるではないか」、などとぶつぶつつぶやいたりします。「だからこそ厳しくしつけるのです」、と妻に怒鳴り返されます。原理主義者は譲りません。毎回私が譲ります。

私は教育の「さじ加減」論者でしたから、「厳しい母」に対して「甘い父」を演じてバランスを取っているつもりでした。私は、当時も今も、戦後日本の子育ては大いに間違っていると考えています。「教えるべきところはきちんと教えなければならない」という点では妻と同意見です。だから、現代の幼少年教育には、「しつけること」と「教えること」が貫徹していないと考えています（＊）。

妻は、自ら母子分離を実践して、「母」と「守役」を使い分け、しつけの「論理」を優先させていました。その一方で、「自分の子」だから、「愛しているのだから」が口癖で、母の「役割」をアメリカ流に演じていました。しつけの論理と愛情表現を分離して、使い分けようとしていたのでしょう。

子どもとの身体的接触をあまりしない日本の父に比べて、「抱きしめたり」、「キスをしてやったり」、アメリカ流の母子一体を演出するのは、断然妻でした。意識していたかどうかは別として、彼女自身も、厳しさと愛情表現のバランスを取ろうとしていたのです。それでも彼女の場合、子育て原則のルール優先・論理優先は明らかでした。

それゆえ、子どもが思春期に入ると「厳格なルール主義」と「母親の愛情表現」のバランスが崩れ始めます。子どもは自己主張を始め、自己主張は「ルールへの反抗」となって現れます。母の指示に不服従を示すだけでなく、世間の常識やルールに対する思春期の反抗が始まります。妻にとっては、子どもの言動のコントロールが利かなくなります。子どもは、母の愛情表現ですらも自分への干渉であると受け取るようになります。この点は現象的に日米共通の反抗期現象です。

子どもにとっては、「自我の確立」と「親の支配を脱すること」がイコールになるのでしょう。通常、思春期の反抗は、社会規範を代表する父に向けられる傾向が強いというのが教育学の常識です。しかし、昨今の日本では、多くの父親は子育て現場に不在です。養育の指導に当たってきたのは母親ですから、反抗は母に向けられます。家庭内暴力などの悲劇の多くも母に向けられて起こります。

悪態は、「わかったよ!」、「かんけいねぇだろ!」「うるさい!」、「うっせぇな!」とエスカレートしていきます。何を聞いても「別にぃー」と言ってはぐらかします。妻の教育意志が強かった分、反抗と悪態はだんだん耐え難いほどにエスカレートします。

我が家では、男の子の場合が特に反抗が顕著でした。母の「指示」に対する息子の「不服従」が始まり、「叱責」に対する「反抗」と「悪態」は、時に度を越しました。時々、妻が涙ぐんでいることや怒りで震えているのを見るようになりました。教育学的には、自立しようとしている少年への「干渉」の「過剰」なのですが、支配的であった「親の論理」と自立を主張し始めた「子の自我」が正面衝突するのです。妻の背丈を追い越した息子には、従来の抱きしめたり、キスしたりする親の愛情表現だけではもう効きません。

これまでのしつけの延長線上に息子を置いて見ている妻には、わが子の礼を失した反抗は、哀しくも受け容れ難い態度だったのだと思います。「あなたが甘かったツケが出ているのです」となじられたこともありましたが、弁解はしませんでした。

息子の反抗が度を越した時には、妻に代わって私が息子を殴りました。妻は驚いたように凶暴な私を見ていましたが、何も言いませんでした。

愛情が深かった分、思春期の息子の離反は報われない気持ちだったと思います。息子は離反したのではない、自立を模索しているだけだ、と私は妻を慰めました。

殴った後の息子には、理屈抜きにひたすら「母を労れ」、「礼を失するな」とだけ教えました。当時の息子も、我が妻も自覚していなかったと思いますが、息子は母にだけ反抗したのではありません。授業に反抗し、校則に反抗し、ラグビーのコーチに反抗し、世の中の常識に反抗しました。だから、学校とのトラブルも起こりました。ヤンキーなグループとも付き合いました。妻から鍛えられた厳しい規範を思春期の自我が自らの反抗を通して再点検をしたということでしょう。

しかし、大学進学のため家を離れた、息子は直にすっかり落ち着き、妻にしつけられた通りに、自立し、学生時代の試練を乗り切り、自分の進路を見つけていきます。

しかし、妻には余程この時期の息子の離反が堪えたのでしょう。「あの子と一緒になってくれるのであれば、どんな娘にでものしを付けてくれてやる」がその後の口癖になり、姑になったあとも「この言」を守り抜いて亡くなりました。彼女は息子の反抗の痛みを忘れかねていたようですが、息子が自立し、見る見る大人になっていく過程は、彼女の薫陶のお陰であることは間違いありません。厳しかった母の胸を借りて、息子は一人前になったのです。

（＊）拙著『しつけの回復、教えることの復権』学文社　平成20年

（妻）		（日本）
あらゆるしつけは幼少期から始める	⟷	幼少期は子どもの欲求中心になりがち
ルール違反は厳しく処罰する	⟷	処罰はいつも甘く、「大めに見る」例外も多い
思春期の社会的反抗が大問題	⟷	甘いしつけの結果は、思春期の逸脱・挫折が大問題

6 「日本人はがまん強い!?」、「あんたは少数派!?」

日本の日常に見る子どものやり放題、やらせ放題ほど妻を苛立たせるものはありませんでした。最初のうちは、「周りはなぜ何も言わないの?」、「日本人はがまん強いの、それとも馬鹿なの?」、「なぜ親は注意しないの?」を連発したものでした。靴のまま電車で席

に上がる子ども、公共の場で駆け回る子ども、奇声を上げる子ども、新幹線の中で泣きわめいて自分の思いを通そうとする子どもなどの光景にがまんがならないようでした。

私もそうした光景はがまんできませんでした。だからよそのお子さんでも、時に、注意したり、怒鳴ったりします。そうすると「あんたは少数派?」と聞かれたものでした。「いや。オレは教育学者だ」と応えたものでした。

もちろん、彼女は「外人」と呼ばれる自分の立場を自覚していたので、一切の発言はしませんでした。しかし、痛烈に、「日本の子育てはどうかしている」と思っていたことは確かです。もちろん、日本人を代表して非難の矢面に立つのは私ですから、教育学者としていくつもの説明をしました。説明しながら、うまく説明できないところを研究して筆者の幼少年教育論はでき上がっていきました。日米の家庭教育論争は筆者の中で日米の教育討論に進化し、研究上誠にありがたいことでした。

妻の指摘通り、子どもを「宝」とする日本の親は子どもの欲求に振り回されることが多いのです。「宝」は一番大事で、保護の第一優先対象だからです。日本の親が保護者と呼ばれるのも納得がいきます。

しかし、一度、子どもの要求を入れてやると子どもは二度三度と同じ要求をするようになります。結果的に、しつけや習慣付けができず、できかけた習慣も崩れていくことになります。今では、文部科学省までが「早寝、早起き、朝ご飯」を、子育てスローガンとするまでに、家庭のしつけは崩壊しました。

「この国の子どもは宝なのだよ」、と説明したものでした。「宝」は家庭生活の中心にいて、「宝」の意向を満たしてやることが親の喜びになるのだ、とも説明しました。子どもが生まれることを「授かる」とか、「恵まれる」と表現することも話しました。古くは「7歳までは神の内」とまで言ったのだよ。妻は、「子宝の風土」は、子どもが暮らしの中心にいて、「子ども第一主義」になることを理解しました。PTAから少年剣道まで、親の「気の入れ方」が違うことにも気付いていたと言っていました。子どもに「よかれ」と願って、子どもの欲求を満たすことが親の務めであると考えがちになること、当然過保護の傾向に陥ることは避け難いこと等に気付きました。

私は、日本の養育訓や古いことわざが「過保護の戒め」や「困難の勧め」であると彼女に説明しました。「可愛い子には旅」から始まって、「辛さに耐えて丈夫に育てよ」、「他人の飯を食わせよ」、「転んでも起こすな」、「若いときの苦労は買ってでもさせよ」、「子どもの走る坂道の小石まで拾うな」などは広く知られた格言です。「日本人の昔の教育者も、あなたのやっているようにやりなさいって言っているんだよ」と説明しました。妻は感心して聞いてくれました。「だったらなんで日本人は教えのとおりにやらないの⁉」と言ったものです。「敗戦後、この国はアメリカの教育論を採用したからだよ」と私は苦笑いせざるを得ませんでした。

ほとんどの教育学部でも、義務教育学校でも、「あなたの国の教育理論ばかりを教えているのだよ」。日本の大学の教育学の教科書を見る限り、欧米の教育思想偏重は現在も変わっていないのです。

（妻）
日常生活は大人の都合が優先 ⇔ （日本）日常生活は子どもが中心
公共の場所のしつけは一段と厳しい ⇔ 公私の別を必ずしも意識していない親が多い
子どもだからと言って大めには見ない ⇔ 子どもの振る舞いは大めに見る

7　「なぜ昔の教えの通りにしないのか？」

私の説明を聞いた妻は、日本人は「なぜ昔の教えの通りにしないのか」と言いました。

なぜでしょう?私が、日本文化における「保護者」と「守役」の分業の機能に気付いたのはそうした妻との問答の中です。

日本の「鍛錬」や「修行」の指導は、「先生」や「守役」がしていたのです。古い文献を読めば、裕福な家庭には、子どもの教育全般を担当する第三者の「守役」がいました。「うば・めのと」、「ご養育係」、「ご指南番」、「ご進講係」など呼び名や役割は異なりますが、これらもまた守役の派生形です。江戸時代の庶民の間に広まった「寺子屋」も、守役機能の大衆版です。「お師匠様」が守役だったのです。明治の学制発布以降の公教育には、「富国強兵」の役割が追加されましたが、教師が従来の守役機能を引き継いだことは明らかです。それゆえ、日本の公教育は、しつけと生活教育を含み、外国人が驚くような掃除から体育まで教えます。軍国主義に利用されたことで悪名高い戦前の「修身」は、「守役」機能としての学校が、礼節、道徳、社会規範を教えて、全人教育などと呼ばれていたのです。欧米の公立学校と違って、日本の公立学校が親に代わって、生活習慣から礼節や道徳まで教えたのは「守役」の伝統を引き継いだものです。私も、昔の教えに倣って、子どもたちの「鍛錬」は他人の指導にお任せするようにしました。娘は社会体育の剣道の先生に、息子は部活の運動部の先生にお願いしました。

欧米の公立学校は、学校のルールには従わせますが、原則として礼節や道徳のような「価値」の領域に踏み込んで教えることはありません。多くの親が余計なことをするなという はずです。戦後、日本の学校が道徳教育を軽んじたのは、「修身」と「軍国主義」の結びつきへの反省だけが理由ではありません。欧米の教育理念を導入して、信奉したからです。日米の考え方を比較した桜井氏は、「子どもを〝人間〟に育て上げるのは親の義務であって、教師やその他の人々ではない」(＊)と日本の家庭教育を批判しています。これも西欧文化を学んだ人の欧米流しつけの考え方です。しかし、そもそも日本の家庭にしつけや鍛錬ができるのであれば、戦後教育の混乱はなかったはずなのです。

多くの教師は、文部省が導入した道徳教育は軽んじても、「守役意識」を持ち続けました。それゆえ、戦後は教師自身がイデオロギー教育という「全人教育」をやろうとしたことは戦後教育の混乱史が証明している所です。

結論的に言えば、戦後70年、日本の義務教育学校はすっかりアメリカ流になりました。遂に教師は「守役」であることを辞めたのです。文科省も学校も、「しつけ」は家庭でやってくれ、と言うようになりました。生活指導も返上して、服装も髪型も学校は基本的に自由にしました。いまでは携帯電話やゲームのしつけの収拾がつきません。学校は守役を辞退して、家庭に返上したのです。

しつけと生活指導を返された所で、日本の家庭は昔のままで、基本的に子どもの鍛錬には「無力」です。第三者の「守役」がいなくなれば、「おおごと」です。「宝の涙は見たくない」という日本の家庭で、子どもに負荷をかける「鍛錬」の指導ができるはずはありません。「子宝の風土」では、必然的に、「宝」の欲求を満たすことを優先するからです。結果的に、過保護が蔓延し、子ども可愛さが先行します。

今や、多くの子どもがへなへなで、規範は身に付いていません。学校が「守役」を辞めれば、必然的にそうなります。守役をおりた教師への尊敬も失われました。学校を信用しないモンスター・ペアレンツも大量に発生しました。家庭は悲鳴を上げ、学校にクレームが殺到しています。かくして、「家庭教育支援アドバイザー」や「子育て支援アドバイザー」などが任命されます。学校には、地域の人材を投入した「学校支援会議」などが設置されます。しかし、何を会議した所で、子どもの生活を指導することのない教師もアドバイザーも全く無力です。その結果、日本の家庭教育は混迷の度を深め、子育て実践が路頭に迷っていることは周知の事実です。

もちろん、今でも、多くの親は、学校が守役の機能を果たした事実を覚えています。だから、学校依存の心理は色濃く残っています。家庭は、厳しい守役の機能を果たすことができず、途方に暮れているのです。多くの家庭は、なぜ学校は日常の立ち居振る舞いをきちんと教えないのかと不満に思っているはずです。日本の「養育」は、意識しているか、否かは別として、「可愛がる」のは親で、「しつける」のは「守役」だという分業の発想になっているのです。

「守役」がなんとかすべきだと思っている以上、「早寝早起き朝ご飯」とか、「しつけは家庭で」とか言ったところで多くの日本家庭の耳には届かず、またできるはずもないのです。

（＊）桜井邦朋『考え方の風土』創文　２００６年　p.165

（妻）		（日本）
親は保護者と守役を兼任する	⇕	**親は保護、しつけは守役という分業**
公立学校は教科のみの指導に限定	⇕	**学校に守役を期待、日常の基本訓練の多くを依存**
家庭の教育責任を強調	⇕	**近年、アメリカに倣って家庭の教育責任を期待しているが、破綻は明らか**

8　同質文化の中の「混血の子ども！」

国際結婚の具体的で、最大の問題は、「混血の子ども」を育てることです。自分たちは「単一民族」だと信じている日本では、異質である事自体が問題になります。異質が当然であるアメリカの学校では決して起こらない事が起こります。第一は、「異質」を排除しようとすることです。

「異質の排除」は、「同質性」を前提とする日本の文化、日本の学校の特徴です。同じ言葉を話し、同じ顔立ちでないと必ずからかわれ、時に、いじめに発展します。我が子どもたちは、普通の保育所・幼稚園で暮らしましたので、言葉は全く問題になりませんでしたが、人相・顔立ちだけは隠しようがありませんでした。

日本人の帰国子女ですら、日本語のアクセントが異なるというだけで、いじめの対象にされるのですから、混血の子どもは自衛するしかありません。娘の目は緑色で、息子の髪はパーマと間違えられて、学校から呼び出されるほどの茶色がかかった縮れっけでした。二人とも極めて日本的でしたが、同級生との集合写真を見ると明らかに異質に見え、日本人とは違う顔立ちであることが分かります。

私たちの子育ては日本の学校が「曲がり角」にきている時代でした。子どもを大人と対等に扱うアメリカ流「児童中心主義」の副作用が現れ始めました。あちこちの学校が荒れ、今で言う「小一プロブレン」や「中一プロブレン」が始まった頃でした。公立学校は人権だの主体性だのと言い始め、生徒のコントロールができず、多くの保護者が学校を信用しなくなり始めていました。モンスター・ペアレンツという呼称はありませんでしたが、親の不満を耳にすることは多くなりました。「プロ教師の会」の諏訪哲二氏が「オレ様化する子どもたち」（＊1）と呼んで、「子どもが大人と対等」になった「はしりの現象」が起こっていました。教育界から子どもは「半人前」という発想が消え始めていました。

筆者が「現代教育の忘れ物」（＊2）を書いたのは、そうした世相や学校の状況に危機感を覚えていたからです。誰も子どもを叱れなくなりました。当然、鍛錬の思想は崩壊します。子ども達の体力は衰え、体験の欠損は明らかでした。当時の風潮に正面から異を唱えた私は、共感してくれた多くの教育行政やPTAから呼んで頂いて、「欧米の教育論は日本の風土では機能しない」、「日本の子育て伝統を守れ」と講演や提案をしました。しかし、行政や保護者から歓迎された一方、多くの教員からは反動、右翼、全体主義的などと反発を受けました。

（＊1）諏訪哲二『オレ様化する子どもたち』中公新書、２００５年
（＊2）拙著『現代教育の忘れ物』学文社　昭和62年

（妻）		（日本）
異質は社会構成の前提	⇕	**同質であることが社会構成の前提**
人種・民族間の対立は潜在している	⇕	**同和問題や外人差別が潜在している**
異質というだけでは問題にはならない	⇕	**同質化作用が働き、異質はからかいやいじめの対象となる**

9　自分の身は自分で守れ！

このような教育状況の中で我が家の子育ては進行したのですが、ことあるごとに妻も私も二つのことを子ども達に語りました。一つは「お前達がグレたら教育者の父は職を辞さなければならない」。もう一つは、「自分の身は自分で守れ。自己防衛のためなら暴力を振るってもいい」。日本の自衛権のようなことを言ったのです。

妻には「親の責任」論と「異文化の中の子育て」論があったので私以上に強硬でした。各人が銃で武装している国からきた人ですから、当然と言えば当然でした。

娘は小学校の一年生から剣道部に入れ、毎日の練習をサボることは許しませんでした。家族的にも、過酷とも言えるような訓練を課しました。結果的に、娘は体力・気力ともに向上し、小学校の相撲大会では男の子まで投げ飛ばしました。当然、娘をからかう女の子は皆無になりましたが、未だ娘を知らない男のいじめっ子はたくさんいました。「みどり目ん玉」とか「外人女」とか、馬鹿にされた時には、彼らを蹴り上げ、投げ飛ばし、コウモリ傘でめった打ちにするなど自衛の戦いは日常茶飯のことでした。親はその度に学校へ呼び出されました。中学校の時は、仲良しの女生徒をいじめた男の子を殴る蹴るで痛めつけ、娘を止めに入った女性の担任教師に、「未だ、足りない。あいつは許さない」と怒り狂ったので、妻も私も学校へ呼び出されました。私たちは頭を下げて、騒ぎをお詫びしましたが、同時に、「相手は男の子です」、「自分の身は自分で守れ」と教えております、と言いました。私たちは、娘の実力行使だけが咎められ、相手の男の子が罰せられない事が不満でしたが、妻は、「私は外人だから、波風立てないで！」といつも言っていました。

日本文化における外国人や混血児に対する無言の差別を実感していたのは妻でした。日本の風土からも、学校の教育現場からも、「上のものが下のものをいじめる」とか、「多勢が少数をいじめる」とか、「男が女をいじめる」ことについての「卑怯」という感性や観念が消えてしまった時代でした。だから「卑怯」を咎める人もいなくなりました。藤原正彦氏が「いじめを減らすためには、卑怯を教えよ」と言っているのは誠に正しいのです(＊)。現代のいじめは「卑怯観念」の喪失の延長線上に発生しているのです。

息子の方は小・中・高と運動部の部活を命じていたので、体力はありましたが、小学校の中学年ぐらいから、上級生にチョッカイをかけられるようになりました。幼児期から少年期への変わり目で、容貌も仕草も少し変わって見え始めたのでしょう。上級生のストーカー的行為がエスカレートしたある時、妻はいじめっ子を捕まえて交番へ連れて行き、お巡りさんに訴えた事がありました。行き先が学校ではなくて交番というところが妻の妻たる所以だったと思います。「傷害」事件にするという発想ではなかったかと想像していますす。校長も、私も交番から呼び出されて事情を聞かれました。校長さんは憮然としていましたが、「卑怯」を信じなくなった教育界に期待はもてないので、私はひたすら丁重に「ご足労をおかけしました」とだけあいさつをしました。やはり混血の子どもは、「自分の身は自分で守る」しかないのです。

その後の息子の対応は誠に意表をついたものでした。学校で「ヤンキー」と呼ばれている不良グループと付き合うようになったのです。一緒に自転車を乗り回し、毎週末は学校の体育館を占拠するかのようにバスケットに興じていました。結果的に、息子にチョッカイを出す奴はいなくなりました。息子は彼らを我が家にも連れてきました。妻も私も最初は心配しましたが、杞憂に終わりました。彼らは、外国人の妻や教育者の私を敬遠して、玄関を入ろうともしませんでしたが、妻は手づくりのケーキなどを焼いて、分け隔てなく接待していました。息子と彼らの付き合いは高校生活の終わりまで続き、以後いじめの話は全く無くなりました。

（＊）藤原正彦『国家の品格』新潮社　２００５年　p.63

（妻）
自衛しなさい！　個人自衛の発想が浸透している
子どものいじめ、非行、犯罪をなぜ処罰しないの!!
⇕
（日本）
社会の調停機能が働かなければ、被害者を守れない
いじめは深刻で、社会は被害者を守れず、処罰は不明確である

IV　永遠の外人
――「仲間」の社会学――

1　文化は分類する

日本にかぎらず、どの社会も、その構成員と非構成員とを区別します。構成員の中でも、更に細かく細分化して、仲間と仲間以外を区別します。それゆえ、「社会構成」の原理を論じることは、その仲間を許容する基準と区別の方法を論じることになります。言い換えれば、人間社会では、「われわれ」と「彼ら」の区別は常につきまとっているということです。ある社会では「彼ら」の「壁」が強固で、滅多なことで、「われわれ」は「彼ら」の中に入れてもらうことはできません。ところが別の社会では、相対的に容易に、「彼ら」は「われわれ」を受け容れてくれます。メンバーとして受け容れてくれるか、どうかの基準や許容度の違いが差別現象として現れます。文化によって、「われわれ」と「彼ら」を区別する基準や仕組みが柔軟であったり、強固であったりします。差別や迫害の原因を分析することは、「われわれ」と「彼ら」を区分する文化的特性を分析することです。

2 「内の人」の同心円に入れてもらえないから「外人」なのです

日本人は、「われわれ」を「内」と呼び、「かれら」を「よそ者」または「外人」と呼んできました。日本人の人間関係を決定しているのは「内」と「外」の認識であり、感覚です。「内」と「外」を分けるのは集団の構成員の「共通点」であり、「類似点」です。もちろん、血縁は最も強力な共通点で、ついで地縁、職縁・結社の縁、言語・宗教などの文化の縁と続きます。

日本人の人間関係を構成する原理は同心円で表すことができ、われわれはその同心円のどこかに位置しています。もちろん、同心円は、一つではなく、社会の各分野に無数の同心円があり、われわれは複数の同心円に同時に帰属しています。

同心円の中心には、まず家族のような「身内」が居て、その外側に「仲間内」が居て、その外に同業の「組み内」や、居住地を共にする「ムラ内」があり、県人会があり、九州とか、東北とかの地域意識があり、最後に日本人会があります。要は、自分に近いものの順に、「親密」さや「共通性」の度合いが濃く、自分から離れるに従ってそれらが薄くなり、

「疎遠」になっていきます。ここまでは他の文化でも同じことでしょう。

最外円が「同じ日本人同士じゃないか」というところで「日本人の身内意識」は終わります。ここまでが「同心円」です。

円の外側は「外人」です。日本文化において、外人が「日本人の外」に置かれるのは、円の中に入れてもらえないからです。それゆえ、外人とは、正確に「日本人が人間関係を形成する円の外の人」を言います。また、外人は「外の人」であると同時に、「人の外」として遇されることも多かったのです。桃太郎その他の古い物語の中でたまたま日本に居た多くの外国人は、人ならぬ「赤鬼」や「青鬼」にされて、退治されました。人の一種だと認められた後も「毛唐」、「異人」・「外人」として日本人の外に置かれました。

日本人としての「内」意識の円の中に入れないという人間関係観は、日本人の差別意識の原点です。それゆえ、同和問題の差別の論理は、かつて「非人」（人ではない）、あるいは「穢多（えた）」（けがれ多い）として同じ日本人を、「身分制」によって、「人の外」に置いたのです。まことに残酷な論理です。にもかかわらず、日本には、「奴隷が社会的に一度も公認されたことがない」ということは「世界に誇るべき点」であるという指摘もあります（＊1）。少なくとも、社会制度の上で、「家畜」のように売買の対象とはしなかったということでしょう。

廣田昌希氏は、差別が、差別になるためには、多勢の同意が必要であると指摘しています（＊2）。それゆえ、多数の人々と「顔・形」が異なるとか、身分制で多数から分離するというやり方は「多勢による差別の同意」をつなぎ止めていたということでしょう。ただし、日本は、そうした同意の中に「奴隷制」がなかったという不思議な国なのです。

人種で差別するアメリカ人たちは、日本文化の差別の論理が理解できなかったのでしょう。私が最初に読んだアメリカ社会学の「人種関係論」の教科書には、日本の同和問題のことを「見えない人種（Invisible Race）」である、と説明していました。人種的に同じルーツの日本人を日本人が差別する論理は、「見えない人種」というように「人種の概念」を持ち込まないと、アメリカの研究者にも、学生たちにも理解できなかったのだろうと思います。

（＊1）鈴木孝夫『日本人はなぜ日本を愛せないのか』新潮選書　２００６年　p.58
（＊2）ひろたまさき『差別から見る日本の歴史』解放出版社　２００８年　p.11

3 「『私』は、いつまで『外人』なの?」(妻)「この国では最後まで『客』なんだよ!」(私)

妻の嘆きは日本で何年暮らそうと、決して「ふつうの」仲間になれないことでした。いつもそのことがアメリカとの最大の「違い」だと言っていました。だからといって、日本人が妻に親切でなかった訳ではありません。実に親切でした。それゆえ、「親切」と「仲間意識」は違うということに気付かざるを得ません。彼女は、亡くなる数年前に、ようやく日本人の友だちができたと嬉しそうに述懐したことがありました。それは彼女が20年近くも教えた同世代の英語グループの仲間でした。友だちになるのに20年かかったということでしょう。

一方、私が体験したアメリカは移民の国です。それゆえ、外国人も自国民もアメリカという「大鍋」に放り込んで、みんな一緒に煮てしまうのです。留学生であった私まで大鍋に放り込んで煮てしまうのです。だから、学生寮のルームメイトはアメリカ海軍帰りの退役軍人でした。

外国人学生のためと称して「留学生寮」を作り、日本人から「隔離」してしまう日本文化とは決定的な違いでした。キャンパスにただ一人の日本人として当初は珍しがられましたが、「外人」概念はありませんでした。それゆえ、「外国人」に対する特別扱いはなく、手加減もありませんでした。差別はありましたが、「外人差別」ではなく、人種差別や宗教差別です。ノートを貸してくれた女学生と仲良しになり、最後は結婚するようになったのも、日本人としてではなく、一人の人間として遇してくれたことが大きかったと思います。また、後に、招かれて長期の指導に出向いた時も、アメリカ人研究者とすぐに打ち解けて研究仲間ができ、共同の仕事もできました。むしろ「客扱い」は最初の数週間だけのことでした。

（日本）
外国人は外人と呼ばれ、日本人にはなれない
外国人を日本人にしないために「客」扱いを続ける

↕

（アメリカ）
外国人も、アメリカ文化さえ吸収すれば、短期間でアメリカ人になれる
外国人を「客」あつかいしない

4 「『箸を上手に使いますね』だって!!、もう10年もこの国にいるのよ!!」(妻)「『外人は、日本人にはなれない』という前提があるんだよ!!」(私)

日本滞在が10年を過ぎても、20年を過ぎても、相変わらず、妻に「日本語お上手ですね」と言って褒める人がいました。「箸を上手に使いますね!」と言う人までいました。だから「私をバカだと思ってんのよ!」と怒ることもありました。

私は「そうじゃない、この国には、外人は日本人にはなれないという前提があるのだよ」と説明しました。逆に、アメリカには「アメリカ人になれ」という前提があるじゃないか、と言いました。

アメリカで私に「英語お上手ですね」と言った人は全くありません。「箸、お上手ですね」に当たる「ナイフとフォーク使えるのですね」もありません。日本人は、外国人が日本の文化を理解するのは無理だという前提で外国人に接します。あらゆる面で、「外の人」は「内の人」になれないとどこかで考えているのではないでしょうか?逆に、アメリカ人は、アメリカでは「こうするのだ」・「早く覚えて」という前提で接します。

私が何とか無事に卒業し、社会学の学位が取れた時、思いがけないことが起こりました。

「専攻は社会学なのだから、このまま日本に帰らず異文化のアメリカを体験し、自分を試しなさい。」と言ってくれたのは当時の大学院研究科長の老教授でした。彼は、遠くから日本人学生の「もがき」を見ていてくれたそうで、親切にも就職のための推薦状まで書いて励ましてくれました。アメリカでがんばったものは、過去の敵国の青年も、アメリカの青年と同じように遇して、チャンスをくれたのです。色々苦労はしましたが、アメリカ人と同じ「就活」を続けて、最後は雇ってくれる学長が現れました。私は29歳の助教授、学長は若干32歳だったと前に書いた通りです。待遇もアメリカ人教師と同じでした。授業で受け持ったアメリカ人学生は、新米の日本人教師を珍しがることもなく受け容れました。日本では起こり得ないでしょうね。

（日本）
最後まで外人
日本文化を理解することは外人にはむりでしょう！
外人は良きにつけ悪しきにつけ「客」扱い

⬍

（アメリカ）
早くアメリカ人になれ！
早くアメリカ文化に慣れろ！
「客」としての特別扱いはしない

5 「家族の一員として受け容れさせるの！」（妻）「反対されているんだから、二人でどこかへ行ってしまえばいいでないか！」（私）

私たちが結婚した当初は、アメリカの家族もこの結婚に反対でした。無理もないと思います。戦後20年しか経っていず、私は旧敵国の青年であり、日本は未だ貧しく、私には母国での定職もなかったのです。

しかし、妻は孤立を恐れず、悪びれることもなく、私を連れて一族の集まりに出ました。そうした彼女の言動も驚きでした。「波風は立てたくない」。「冷たい視線も耐え難い」。「二人でどこかへ行けばいいでないか」と、臆病風に吹かれて「矢切の渡し」風に考えていたのは私の方でした。

南カロライナ州の小さな田舎町に、母方の一族70人～80人くらいが集まった大集会(Family Re-union)がありました。開会のあいさつは、当時90歳近い妻の祖父で、一族では最長老でした。彼は、「みんなよくきた」と全員に歓迎の辞を述べた後、我々二人を紹介し、結婚を祝福して、「変わった孫ができたが、この日本人を一族の一員として受け容れる」と宣言しました。誰が言い出してくれたことか、分かりませんが、「家族の一員として受け容れる」という承認の儀式をしてくれたのです。

一座は、水を打ったように静まり、やがて拍手が起こりました。我々は注目の的となり、入れ替わり立ち替わり握手を求める人が続き、家族集会は何ごともなく和やかに続きました。かくして私はランカスター・ファミリー（妻の母方の姓です）の一員となったのです。

「ほらね、大丈夫だったでしょう！」と妻が言いました。

思い返すだけでも、胸が熱くなる演説でした。おじいさんも、それを受け容れた一族のメンバーも、何とフェアで、見事なことか、と感慨を持って思い出します。あれから50年経ちました。当時の小生の感想は少しだけ変わりました。

あのときのおじいさんも、私を遇したアメリカ社会も、「フェアであった」というより、自らに命じて「フェアであろうとしていた」のだと思うようになりました。アメリカ史を見れば、人種差別に限らず、「フェアでない」こともたくさんあったことは周知の通りです。

しかし、移民の国は誰にでもフェアなチャンスを与えようという「原理」に則って懸命に努力しているのだと考えるようになりました。「アメリカン・ドリーム」という言葉に象徴されるように、努力する者には、誰であってもチャンスを与えるという原理です。その意味で、アメリカは、不完全ながらも、常に「自由」、「平等」、「公平」、「フロンティア・スピリット」を理想に掲げ、その原理のために生きようとする原理主義の国なのだと理解するようになったのです。以来、私は日本からの「客」ではなく、ランカスター家の一員として遇され、自分も一員であるという意識になりました。あれから50年、娘は今でも「ランカスター・ファミリーの家族集会」に出席しています。

(日本)		(アメリカ)
よそ者を受け容れることは難しい	⇕	最初はみんなよそものだった
よそ者差別の国	⇕	人種差別の国
最善は「客待遇」	⇕	最善は「仲間待遇」

6　言語学上の「客」

参考書を読んでいたら、言語学者が言うには、商売上の「客」も一時的に「身内」の「客」になるという意味だそうです。だから、「お客さま」は「神様」で、「お客さま」には丁寧語を使います。列車に乗った時だけ、時間限定的に、JRの客となり、「傘の忘れ物」から、「お気を付けてお帰り下さい」・「お疲れさまでした」まで、身内に言うように言うのだそうです。なっとくです！

「お客様待遇」は優先待遇ですから、店の店員から国際線のフライトアテンダンドまで、日本人は丁重で親切です。時には、大会社の社長までが、一介の買い物客に頭を下げます。日本とは逆に、「客分待遇」意識のうすい、諸外国の場合は売る方が威張っているという指摘でした。どうりで外国人のフライトアテンダントは、乗客を指導するように態度が大きいのです。

日本人のお客様待遇が「時間限定的」であることを知らない、短期滞在の外国人は、日本人の親切と丁寧さを本来のものであると勘違いして感激します。（もちろん、本来、「お客様」に対しては、親切で、丁重なのです。）しかし、長期滞在の外国人は、見抜いています。日本人によるお客様待遇は、よそ者や外人を仲間にしないための「特別待遇」であり、いつかは帰ることを期待された「客」への限定的「扱い」なのだと……。

あとがき

原理主義者と便宜主義者（オポチュニスト）の結婚

人間を原理主義者と便宜主義者（オポチュニスト）に大別すると、妻は原理主義者で私は便宜主義者でした。一神教を信じる人々は概ね「教義」を重んじる原理主義者です。一方、日本人のような八百万の神を頂いて、状況次第で神や仏を使い分けて、疑問を感じないような多神教文化の人間は便宜主義者です。その意味で私たちの結婚は、一神教文化と多神教文化の結婚でした。

日本のような国は世界でも珍しいはずです。鈴木賢志氏の紹介によると、日本人は、職場では人間関係が一番大事だ（81カ国中1位）と考え、宗教を信じていず（93カ国中5位）、国のために戦わない（90カ国中1位）等々の特徴があるそうです（＊）。「一億火の玉となって」と言っていた頃に比べればずいぶん変わったものです。この変わり易いところも便宜主義者の面目躍如たるところです。状況次第で発想が変わるだけでなく、日本人は、山川草木至る所に神を見ます。至る所に「価値」を見つけることができるということです。神様はどこにでもいて、自己都合で神や仏を使い分けることができます。それゆえ、一人の神や一つの教義を信じ通す原理主義者との共存は決して簡単ではないでしょう。惚れ合った二人は聞く耳を持たないでしょうが、日本人の国際結婚にはくれぐれも用心が必要なのです。

（＊）鈴木賢志『日本人の価値観』中公選書　２０１２年

著者紹介

三浦清一郎（みうら・せいいちろう）

米国西ヴァージニア大学助教授、国立社会教育研修所、文部省を経て福岡教育大学教授、この間フルブライト交換教授としてシラキューズ大学、北カロライナ州立大学客員教授。平成３年福原学園常務理事、九州女子大学・九州共立大学副学長。平成 12 年三浦清一郎事務所を設立。生涯学習・社会システム研究者として自治体・学校などの顧問を勤めるかたわら月刊生涯学習通信「風の便り」編集長として教育・社会評論を展開している。

大学を離れた後は、生涯学習現場の研究に集中し、「市民の参画と地域活力の創造」（学文社）、「子育て支援の方法と少年教育の原点」（同）、「The Active Senior―これからの人生」（同）、「しつけの回復　教えることの復権」（同）、「変わってしまった女と変わりたくない男」（同）、「安楽余生やめますか、それとも人間止めますか」（同）、「自分のためのボランティア」（同）、「未来の必要―生涯教育立国論」（編著、同）、「熟年の自分史」（同）、「明日の学童保育」（日本地域社会研究所）、「心の危機の処方箋」（同）など毎年１冊の出版ペースで研究成果を世に問うている。

中・四国・九州地区生涯学習実践研究交流会実行委員

国際結婚《こくさいけっこん》の社会学《しゃかいがく》

2015年1月15日　第1刷発行

著　者　三浦清一郎《みうらせいいちろう》
発行者　落合英秋
発行所　株式会社 日本地域社会研究所
〒167-0043　東京都杉並区上荻1-25-1
TEL　(03)5397-1231(代表)
FAX　(03)5397-1237
メールアドレス　tps@n-chiken.com
ホームページ　http://www.n-chiken.com
郵便振替口座　00150-1-41143
印刷所　中央精版印刷株式会社

ISBN978-4-89022-155-4

日本地域社会研究所の好評図書

生涯学習「次」の実践　社会参加×人材育成×地域貢献活動の展開

瀬沼克彰著…全国各地の行政や大学、市民団体などで、文化やスポーツ、福祉、趣味、人・まちづくりなど生涯学習活動が盛んになっている。その先進的事例を紹介しながら、さらにその先の〝次なる活動〟の展望を開く手引書。

46判296頁／2200円

家族の絆を深める遺言書のつくり方　想いを伝え、相続争いを防ぐ

古橋清二著…今どき、いつ何が起こるかもしれない。万一に備え、夢と富を次代につなぐために、後悔のない自分らしい「遺言書」を書いておこう。専門家がついにノウハウを公開した待望の1冊。

A5判183頁／1600円

退化の改新！地域社会改造論　一人ひとりが動き出せば世の中が変わる

志賀靖二著…地域を世界の中心におき、人と人をつなぐ。それぞれが行動を起こせば、共同体は活性化する。地域振興、未来開拓、一人ひとりのプロジェクト…が満載！

46判255頁／1600円

新版国民読本　日本が日本であるために一人ひとりが目標を持てば何とかなる

池田博男著…日本及び日本人の新しい生き方を論じるために「大人の教養」ともいえる共通の知識基盤を提供。経済・社会・文化など各分野から鋭く切り込み、わかりやすく解説した国民的必読書！

46判221頁／1480円

三陸の歴史未来学　先人たちに学び、地域の明日を拓く！

久慈勝男著…NHK連続テレビ小説「あまちゃん」のロケ地として有名になった三陸沿岸地域は、自然景観に恵まれているばかりでなく、歴史・文化・民俗伝承の宝庫でもある。未来に向けた価値を究明する1冊！

46判378頁／2400円

富士曼荼羅の世界　奇跡のパワスポ大巡礼の旅

みんなの富士山学会編…日本が世界に誇る霊峰富士。その大自然の懐に抱かれ、神や仏と遊ぶ。恵み、癒やし、つながり、あるがままの幸せ…を求めて、生きとし生けるものたちが集う。富士山世界遺産登録記念出版！

46判270頁／1700円

日本地域社会研究所の好評図書

「心の危機」の処方箋
「新型うつ病」を克服するチカラ

三浦清一郎著…教育学の立場から精神医学の「新型うつ病」に異を唱え、クスリもカウンセリングも効かない「心の危機」を回避する方法をわかりやすく説き明かす。患者とその家族、学校教育の関係者など必読の書！

46判138頁／1400円

里山エコトピア
理想郷づくりの絵物語！

炭焼三太郎編著…昔懐かしい日本のふるさとの原形、人間と自然が織りなす暮らしの原景（モデル）が残る里山。里山資本主義の時代の新しい生き方を探る地域おこし・人生強化書！男のロマン〝山村ユートピア〟づくりを提唱する話題の書。

A5判166頁／1700円

いのちの森と水のプロジェクト

東出融＝文・本田麗子＝絵…山や森・太陽・落ち葉…自然にしかつくれない伏流水はすべての生き物に欠かすことのできないごちそうだ。安心して暮らせる地球のために森を守り育てよう。環境問題を新たな視点から描く啓蒙書。

A5判上製255頁／1800円

世のため人のため自分のための地域活動
～社会とつながる幸せの実践～

みんなで本を出そう会編…一人では無理でも、何人か集まれば、誰でも本が出せる。出版しなければ、何も残らない。しかも本を出せば、あちこちからお呼びがかかるかもしれない。同人誌ならぬ同人本の第1弾！

46判247頁／1800円

人生が喜びに変わる1分間呼吸法

斎藤祐子著…天と地の無限のパワーを取り込んで、幸せにゆたかに生きよう。人生に平安と静けさ、喜びをもたらす「21の心得」とその具体的実践方法を学ぼう。心と体のトーニング・セラピストがいつでも、どこでも、誰にでもできる「Ｆｕｊｉ（不二）トーラス呼吸法」を初公開！

A5判249頁／2200円

心を軽くする79のヒント
不安・ストレス・うつを解消！

志田清之著…1日1回で完了するプログラム「サイコリリース療法」は、現役医師も治療を受けるほどの注目度だ。新進気鋭の心理カウンセラーによる心身症治療とその考え方、実践方法を公開！

46判188頁／2000円